PRINCÍPIOS ETERNOS PARA UMA VIDA ABUNDANTE

TEODICEIA BÁSICA

Editora Appris Ltda.
1.ª Edição - Copyright© 2023 do autor
Direitos de Edição Reservados à Editora Appris Ltda.

Nenhuma parte desta obra poderá ser utilizada indevidamente, sem estar de acordo com a Lei nº 9.610/98. Se incorreções forem encontradas, serão de exclusiva responsabilidade de seus organizadores. Foi realizado o Depósito Legal na Fundação Biblioteca Nacional, de acordo com as Leis nos 10.994, de 14/12/2004, e 12.192, de 14/01/2010.

Catalogação na Fonte
Elaborado por: Josefina A. S. Guedes
Bibliotecária CRB 9/870

B813p
2023
	Braga, Sergio Ricardo Macedo
	   Princípios eternos para uma vida abundante : teodiceia básica / Sergio Ricardo Macedo Braga. - 1. ed. - Curitiba : Appris, 2023.
	   86 p. ; 21 cm.
	
	   ISBN 978-65-250-4392-0
	
	   1. Princípio (Filosofia). 2. Aliança (Teologia). 3. Graça (Teologia). I. Título.
	
	   CDD – 121

Editora e Livraria Appris Ltda.
Av. Manoel Ribas, 2265 – Mercês
Curitiba/PR – CEP: 80810-002
Tel. (41) 3156 - 4731
www.editoraappris.com.br

Printed in Brazil
Impresso no Brasil

Sergio Braga

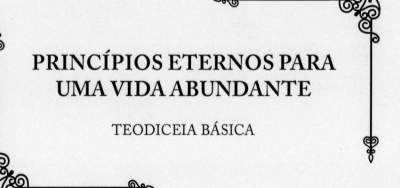

PRINCÍPIOS ETERNOS PARA UMA VIDA ABUNDANTE

TEODICEIA BÁSICA

FICHA TÉCNICA

EDITORIAL	Augusto V. de A. Coelho
	Sara C. de Andrade Coelho
COMITÊ EDITORIAL	Marli Caetano
	Andréa Barbosa Gouveia - UFPR
	Edmeire C. Pereira - UFPR
	Iraneide da Silva - UFC
	Jacques de Lima Ferreira - UP
SUPERVISOR DA PRODUÇÃO	Renata Cristina Lopes Miccelli
ASSESSORIA EDITORIAL	Priscila Oliveira da Luz
REVISÃO	Bruna Fernanda Martin
	Stephanie Ferreira Lima
DIAGRAMAÇÃO	Jhonny Alves dos Reis
CAPA	Eneo Lage

Prefácio

Princípios de Deus para uma vida abundante nasceu de uma revelação profética. Quando o Senhor revela Sua vontade à Igreja, Ele fala por intermédio de Seu profeta. Os profetas são as únicas pessoas que podem receber revelação para a Igreja, mas não são os únicos que podem receber revelação. De acordo com nossa fidelidade, podemos receber revelação para ajudar-nos em nossas necessidades, responsabilidades e dúvidas pessoais e específicas, além de ajudar-nos a fortalecer nosso testemunho. E como o Espírito testifica, ela foi transmitida ao Autor, que mergulhou com sabedoria, entendimento e conhecimento nos Princípios de Deus. Princípio fala de começo, algo principal; são os fundamentos em que as coisas são construídas. Leis e regras derivam de princípios e isso, por si só, já cria benefício, daí a importância de entender e observar. Todos os conflitos/problemas da vida podem ser rastreados a partir de um princípio. Princípios falam de aprender a fazer escolhas sábias. Conhecimento humano, sabedoria humana é ver a vida da perspectiva terrena, por isso se opõe à sabedoria de Deus. A sabedoria de Deus vai te levar a rastrear os problemas até a violação dos princípios de Deus, e então te ajudar a resolvê-los. Já o entendimento é o processo de aprendizado para responder às situações da vida a partir da perspectiva de Deus. Para se ver as coisas do ponto de vida de Deus é preciso se relacionar com Ele de forma sadia. É preciso conhecê-lo, pois relacionamento com Deus traz sabedoria. Conhecimento do Santo: a principal característica de Deus é a sua santidade. A bíblia nos ensina[1] que Isaías teve a visão da glória de Deus; ele viu a santidade de Deus e pôde contemplar seus pecados e iniquidades, e isso lhe trouxe quebrantamento, arrependimento e fez com que Deus tocasse nele tirando a iniquidade[2]. Conhecimento do Santo é o entendimento que gera santidade, não costume. Quando Pedro e seus companheiros passaram a noite inteira tentando pescar e nada, estavam com um problema, pois essa era a profissão deles, qual seja,

---
[1] Isaías 1.6.
[2] Hebreus 12.14.

pescadores. Peixes eram sua fonte de renda. Nesse ponto, eles voltaram sem nada e já estavam lavando suas redes quando Jesus disse a Pedro: "Deixa-me entrar no teu barco, no centro do teu problema – Qual é o teu problema?" Pedro, à primeira vista, estava sendo ingrato, pois disse: "Senhor já passei a noite inteira tentando (e quem é o pescador aqui), mas tudo bem, já que o Senhor está falando..." Jesus estava ensinando Pedro a semear, ou seja, ensinando um princípio: dar primeiro para receber ao pedir seu barco emprestado. Caminhar no princípio leva ao milagre. Milagre é a colheita de se caminhar no princípio de Deus. Depois que Jesus ensinou esse princípio disse a Pedro que fosse para um lugar mais fundo e lançasse as redes ao mar, isso fala de níveis mais profundos no relacionamento com Deus. Quando eles começaram a carregar aquela grande quantidade de peixe, Pedro se ajoelha aos pés de Jesus e reconhece a santidade do Mestre. Caminhar no princípio de Deus além de trazer o milagre, te leva a conhecer alguns aspectos da vida de Deus e da sua própria vida. Pedro reconhece a bondade, o poder e a santidade de Jesus que é a revelação dada por caminhar no princípio. Pedro, com a mentalidade judaica, vê como pecador e indigno de contemplar a Deus face a face, entretanto Jesus ainda diz a ele que seria pescador de homens. Muitos estão chorando por causa da consequência do pecado, mas o principal é chorar por ferir a santidade de Deus, os princípios de Deus, isso que deve nos afetar. Quando vemos a santidade de Deus, nossa pecaminosidade é exposta e então vem o perdão, a cura junto ao milagre e a resolução do problema. Alinhamento com o princípio de Deus traz a solução. Hoje a obra do Senhor continua, agora na pessoa do Espírito Santo, que tem o poder de nos levar a toda verdade e nos convencer do pecado, da justiça e do juízo; que tem o poder de gerar em nós a santidade num processo de santificação. Por isso precisamos nos expor ao trabalho do Espírito Santo. Prepare-se para ser confrontado e impactado pelo Poder das sagradas escrituras. Hoje, como no passado, Deus quer levantar um exército de filhos seus com o propósito de ser canal da sua palavra. Deixemos então o Espírito Santo operar em nossas vidas para que por intermédio d'Ele sejamos libertos de toda e qualquer prisão, a fim de que possamos refletir a glória do Pai e a beleza de Jesus. Aprouve então a Sergio Braga colocar nas mãos dos seus amigos, colegas de ministério, alunos de Faculdade Teológica, irmãos em Cristo, vizinhos ilustres, e dos mais exigentes leitores: *Princípios eternos para uma vida abundante*. Sendo este a expressão da Palavra de Deus em uma linguagem simples, desejo que muitos o recebam com alegria e que utilizem em suas atividades de evangelização, educação e pregação, "como a espada que o Espírito Santo lhes dá"[3] (Efésios 6.17). Leia este livro com a disposição de compreender os princípios de Deus para a humanidade. Deixe que o Senhor use cada página para derramar bálsamo em seu coração, para revigorar suas forças e capacitá-lo para enfrentar com fé e coragem o que está por vir.

Pr. Roberto Lourenço
Doutor em Teologia Bíblica/Presidente da IENJ

---

[3] Efésios 6.17.

Apresentação

Observando os textos bíblicos em sua integridade, vemos que se trata de uma sequência histórica de personagens que, em grande parte, agem em nome de um Deus revelado ou de forma direta, qual seja, ouviram diretamente Dele a sequência das suas ações, não obstante, surgirem dificuldades e oposições, ou agem mediante uma convicção interna que os move na certeza de agirem segundo a Sua vontade, tendo os fatos, ao seu final, corroborado as suas ações. Entretanto, para um leitor desatento, a sequência desses eventos é apenas um testemunho registrado da fé ou convicção genuína dessas personagens. Dessa forma, para a maioria dos leitores e até de estudiosos, o que fica é o exemplo de fé ao qual devemos todos seguir, na mesma convicção, procurando copiar suas atitudes. Porém, esse mimetismo[4] não permite perceber o que une, verdadeiramente, todos esses eventos. A tendência é entendermos que a unidade de tudo se encontra nos seus valores morais. Daí a grande ênfase que é dada às tábuas da Lei[5] ou aos discursos de Jesus sem, na verdade, perceber o que há por trás de tudo. O que se pretende dizer é que as regras morais são consequência de princípios que são eternos. E esses princípios são, na verdade, uma espécie de tecitura[6] que liga todos os eventos bíblicos, aparentemente fragmentados. Dessa maneira, a primeira vinda do Verbo[7] foi a concretização desses princípios, no mesmo sentido que João nos diz: "E o verbo se fez carne"[8].

Sendo assim, parece que ainda há uma tarefa a concluir pelo trabalho teológico que é identificar e descrever esses princípios, e conhecê-los, de maneira que o indivíduo que crê nas escrituras tenha, verdadeiramente, uma vida abundante. Jesus nos ensina[9]: "eu vim para que tenham vida e

---
[4] No sentido figurado, significa o processo pelo qual um indivíduo se ajusta a uma nova situação. Adaptação.
[5] Êxodo 20.
[6] Linhas que se entrelaçam formando um tecido.
[7] João 1.1.
[8] João 1.14.
[9] João 10.10.

a tenham com abundância". A palavra para abundante no grego desse texto é *"perissos"* que tanto indica superabundância em quantidade quanto superior em qualidade. E o princípio para que essa abundância aconteça está no versículo 11, quando Jesus diz: "Eu sou o bom Pastor; o bom Pastor dá a sua vida pelas ovelhas". Portanto, podemos tomar posse desses princípios baseados no fato histórico de que Cristo deu a Sua vida por todos os que creram[10].

Esta obra foi desenvolvida como um trabalho de pesquisa inspirada nas Escrituras. Inspiração reforçada pelo sentido teológico, qual seja, trata-se de uma compreensão da verdade já revelada, como quando o salmista ora pedindo iluminação dizendo: "Desvenda os meus olhos, para que veja as maravilhas da tua lei"[11].

Nesse sentido, é fácil perceber que esses princípios são geradoras de realidades, qual seja, a sua observação estrita gera na vida daqueles que os seguem o cuidado de Deus, formando e alimentando um pacto. E esse pacto ou aliança é consequência de uma vontade operante, que sempre se inicia em Deus, mas deve encontrar no ser humano um coração acessível para receber e entender esse zelo. É isso que nos diz[12]: "Mas a todos quantos o receberam deu-lhes o poder de serem feitos filhos de Deus: aos que creem no seu nome". Duas passagens precisam ser compreendidas. Dar o poder de ser feito diz de alguém que recebe um novo caráter ou forma, ou seja, uma nova existência baseada no conhecimento do filho de Deus. E isso implica, necessariamente, em crer no sentido de confiar o seu próprio bem-estar, permanecendo nessa fé.

Assim, esperamos que estas páginas enriqueçam a vida de todos aqueles que se aplicarem a compreender a importância dos seus ensinos, entendendo que são como um arremate profundo ligando todas as narrativas bíblicas que têm sido regra de fé e vida para milhões de pessoas ao longo de várias gerações.

O autor

---

[10] João 1.12,13; cf. Romanos 5.20.
[11] Salmo 119.18.
[12] João 1.12.

Filho meu, se aceitares as minhas palavras e esconderes contigo os meus mandamentos, então, entenderás o temor do Senhor e acharás o conhecimento de Deus.

(Provérbios 2.1,5)

Sumário

Introdução 15

Princípios de Deus no seu relacionamento com o ser humano 25
Aliança 25
Graça 35
Fé 39
Santidade 43
Fidelidade 47
Honra 49

Princípios ativos no relacionamento entre
os seres humanos e Deus 53
Disciplina 53
Obediência 58
Caráter 62
Mordomia 66
Semear e colher 71
Gratidão 74

Conclusão 79

Referências 81

Introdução

Durante muito tempo, ensinei a Palavra de Deus às pessoas para torná-las melhores, vê-las transformadas em seu caráter e conduta, a partir do pensamento embasado no conhecimento registrado na Bíblia. Aos poucos, fui percebendo que, em grande parte, ensinamos de forma fragmentada e descontinuada. Entendi que ao longo das histórias e ensinamentos bíblicos, existe uma tecitura mostrando um conjunto lógico e bem elaborado de princípios que governam todo o relacionamento de Deus com o ser humano na sua jornada. Então, entendi que contar às pessoas essas histórias de maneira isolada serviria de exemplos bem elaborados de como aqueles princípios, que governam toda a Bíblia, foram aplicados na vida de homens, mulheres, nações e reinos. E, mais do que isso, servem de modelo para nossas próprias vidas, ensinando-nos como a Divindade revelada nas escrituras deseja se relacionar conosco. Entretanto, percebi que somente contar essas histórias, ainda que de forma fluente, deixa corações alegres e esperançosos, o que já não deixa de ser algo importante, mas não ensina às pessoas as formas permanentes da ação de Deus sobre nós. Tudo se passa como se, de vez em quando, Deus se lembrasse de nós e, por misericórdia, socorresse-nos no meio das nossas necessidades. Ou seja, somos eternos pedintes e mendigos da caridade Divina. Vemos os cuidados e bem-aventuranças de homens como Abraão, Davi ou Moisés na forma de um processo exclusivo da escolha de Deus, sem nenhum compromisso da parte daqueles com os quais se relaciona. Não percebemos que, no caminhar da revelação, Deus se agrada daqueles que agem, conforme Princípios eternos, elaborados e fundados desde antes da criação, dizendo:[13] "O Senhor me possuiu no princípio de seus caminhos e antes das suas obras mais antigas".

Para que o ser humano possa viver uma vida abundante na presença de Deus, não de forma limitada no tempo, mas de maneira permanente, torna-se necessário conhecermos esses princípios que regem as revelações registradas nas escrituras, descortiná-los, para vermos de

---

[13] Provérbios 8.22.

forma inequívoca esses tesouros escondidos, e tomarmos posse deles. Qualquer que deseja viver na presença de Deus como filho e usufruir os seus direitos de herdeiro do céu necessita caminhar no centro da Sua vontade. E isso significar seguir a senda desses princípios. Mas então, precisamos primeiro saber: o que significa Princípio? Curiosamente, essa é a primeira palavra registrada na Bíblia[14]. Lá, no texto hebraico original, a palavra que aparece é *"resith"* que significa primeiro no sentido de tempo, ordem ou posição. Ou seja, falar em Princípio significa dizer da origem de algo, de seus fundamentos ou os seus modos fundamentais. O Princípio[15] é mais do que uma simples regra. Além de estabelecer limitações, os princípios fornecem diretrizes que embasam um conhecimento e tem como estabelecer a correta interpretação da prática[16]. Portanto, viver a prática de uma vida com Deus sem conhecer esses princípios é como viver sem conhecimento da vida e, portanto, sujeito a grandes e sucessivos erros. É pelo conhecimento desses princípios que podemos verdadeiramente levar uma vida na presença do Pai, na pessoa do Filho e orientado pelo Espírito Santo. Assim, conhecê-los é nos colocar na senda correta da salvação.

A essa altura o leitor deve estar se perguntando: "Onde estão esses princípios na Bíblia? Nunca vi ninguém falar nada sobre isto!" Pois é, em Mateus[17] temos a narração de duas parábolas muito importantes, ditas por Jesus e pouco ouvidas nas igrejas:

> 44 - Também o Reino dos céus é semelhante a um tesouro escondido num campo que um homem achou e escondeu; e, pelo gozo dele, vai, vende tudo quanto tem e compra aquele campo.
>
> 45 - Igualmente, o Reino dos céus é semelhante ao homem negociante que busca boas pérolas; e, encontrando uma pérola de grande valor, foi, vendeu tudo quanto tinha e comprou-a. (ARC)

---

[14] Gênesis 1.1.
[15] Observe que a palavra princípio tanto aparece no singular como no plural. No singular aqui, aparecerá com P maiúsculo, indicando um conjunto de leis que regem o relacionamento de Deus com a sua criação. Em minúsculo e/ou no plural indica essas leis ditadas individualmente.
[16] CASTRO, Carem Barbosa de. *Teoria Geral de Princípios*. Disponível em: https://ambitojuridico.com.br/edicoes/revista-104/teoria-geral-dos-principios/
[17] Mateus 13.44,45.

A expressão Reino dos céus é equivalente à sentença Reino de Deus. A diferença é que a primeira expressão aparece somente no evangelho de Mateus, enquanto a outra aparece nos outros evangelhos. A explicação disso é que o evangelho de Mateus foi escrito para a comunidade judaica e, para eles, era escandaloso citar a palavra Deus fora da liturgia do templo. O Reino dos céus tem existência não somente no futuro, como também na presente era. Para todas as gerações desde a vinda de Jesus, o Reino dos céus é uma realidade. Em João Batista[18], esse Reino era principalmente o espaço do arrependimento e o julgamento vindouro. Em Jesus, além dos dois aspectos citados, a sua ação salvadora era o que se destacava. Entretanto, o centro da questão é que em Jesus esse Reino não é somente uma realidade futura como na pregação de João Batista, mas Nele trata-se de uma realidade presente na pessoa de Cristo[19].

A parábola do tesouro nos fala, na primeira parte, de um homem que, por acaso, encontrou uma grande riqueza. E escondeu das outras pessoas essa informação. Mas, ao saber da existência desse tesouro, aquele homem foi e, mesmo não tendo recursos disponíveis para uma compra imediata, vendeu tudo o que tinha para possuir aquele campo. Campo aqui significa a Palavra de Deus. Tesouro escondido são os princípios de conhecimento para uma vida plena na presença de Deus que estão firmados na Palavra, mas não estão claros para uma leitura apenas superficial. Por isso estão escondidos. É preciso encontrá-los. Mas só conseguirá alcançá-los quem cumprir dois requisitos. O primeiro está em Mateus[20] que diz: "Bem-aventurados os pobres de espírito porque deles é o reino dos céus"[21].

A palavra "bem-aventurados" indica o estado de bênçãos daqueles que por seu relacionamento com Cristo e sua Palavra receberam de Deus o amor, o cuidado, a salvação e a sua presença diária. Entretanto, existe outra condição para recebermos as bênçãos desse Reino. Qual seja, precisamos viver segundo os padrões revelados pelas Escrituras e uma delas é sermos pobres de espírito. Isso significa reconhecermos que não temos nenhuma autossuficiência. É entender que somos totalmente

---

[18] Mateus 3.2.
[19] Mateus 12.28.
[20] Mateus 5.3.
[21] Todas as referências bíblicas estão registradas na versão ARC, 4.ª edição.

dependentes da ação tranquilizadora do Espírito Santo. E isso só é possível de acontecer se nascermos novamente[22]. Além disso, Jesus nos ensina em João[23]: "... Na verdade, na verdade te digo que aquele que não nascer da água e do Espírito não pode entrar no Reino de Deus."

Nascer da água diz respeito a uma mudança de mente e de disposição, mudando valores e comportamentos, passando a viver em conformidade com uma vida transformada[24]. Esse processo de transformação só pode ocorrer por meio da experiência do arrependimento. Entretanto, não se está falando aqui de algo simplesmente psicológico e nem de um ato puro da vontade humana. Na verdade, não é possível haver genuíno arrependimento se não ocorrer um ato de convencimento, da parte do Espírito Santo, trabalhando no coração humano, a respeito do pecado, da justiça e do juízo[25]. Paulo nos ensina[26]: "Em quem também vós estais, depois que ouvistes a palavra da verdade, o evangelho da vossa salvação; e, tendo nele também crido, fostes selados com o Espírito Santo da promessa..."

Nessa passagem, Paulo mostra os três passos dessa transformação. No primeiro, o indivíduo passa por uma experiência humana. Ouvir a palavra da verdade é uma experiência dos nossos sentidos. Quando o evangelho é anunciado, todos ouvem, talvez com exceção dos surdos. E, por meio do ouvir, a fé é suscitada[27], ou seja, existe a possibilidade de esse indivíduo crer no evangelho. Mas crer é o segundo passo dessa transformação. A palavra usada neste texto para crer é "*pisteuo*", que significa estar firmemente persuadido quanto a alguma coisa. Nesse sentido, também pode ser entendido como ter fé a respeito de uma pessoa ou coisa, ou seja, acreditar. Dessa forma, crer é um estado de convencimento, que não ocorre apenas como fruto de uma deliberação racional, apesar de isso também acontecer, mas envolve uma experiência de presença, uma cura interior que faz com que

---

[22] João 3.3.
[23] João 3.5.
[24] Romanos 12.2. Nessa passagem, aparecem dois vocábulos fundamentais. O primeiro é "*syschimatizo*", que significa moldar de forma semelhante, ou seja, estar em conformidade com o mesmo padrão. O outro é *metamorphoō*, que, nesse caso, é usado de maneira figurada para indicar essa transformação.
Obs.: o sistema de transliteração adotado neste trabalho é o ONU.
[25] João 16.8.
[26] Efésios 1.13.
[27] Romanos 10.17.

as nossas motivações se modifiquem e as nossas antigas certezas sejam abaladas. Portanto, crer é uma experiência espiritual. Esse tipo de experiência só pode ocorrer no fundamento mais firme do indivíduo, ou seja, na sua natureza intrínseca, ali onde emoção e razão se encontram, aliado a uma sensação de alívio. Assim, aquilo que queimava na existência humana torna-se suave. E aquilo que pesava no coração e na alma torna-se leve[28].

Entretanto, nem todos creem[29]. Por isso é uma experiência espiritual, ou seja, o indivíduo precisa transcender os fatos, alcançando o verdadeiro significado da sua experiência. Isso tanto é uma experiência humana, porque todos ouvem, quanto uma experiência que transcende, pois é espiritual[30]. Em Hebreus[31] descobrimos: "Porque a palavra de Deus é viva, e eficaz, e mais penetrante do que qualquer espada de dois gumes, e penetra até a divisão da alma, e do espírito, e das juntas e medulas, e é apta para discernir os pensamentos e intenções do coração".

Mas o que diferencia o que crê daquele que não alcança? É que no caso dos que creem, ao ouvir a palavra da salvação, que é o logos, o Espírito Santo as convence do pecado, da justiça e do juízo. Isso faz com que, ao sermos convencidos, permanecemos crendo, e aliado a isso, somos convidados a confiar nas suas promessas, que são seladas pelo Espírito da verdade. O Espírito Santo, por sua vez, age igualmente sobre todos os corações, conforme nos relata João[32]: "Mas a todos quantos o receberam deu-lhes o poder de serem feitos filhos de Deus: aos que creem no seu nome". A ideia geral do crer, neste texto, é que isso não pode se restringir a um ato imediato, mas prosseguir, transformando mentes e corações para Cristo Jesus. Esses que creram são entregues pelo Pai ao Filho, e de maneira nenhuma são lançados fora[33]. Assim, Deus nos concede a fé para crermos, e quando cremos, e ao crermos, Jesus Cristo nos acolhe. E a promessa a qual o Espírito Santo sela está registrada em João[34]: "a

---
[28] Mateus 11.28-30.
[29] Hebreus 4.2.
[30] A palavra espiritual aqui tem o sentido daquilo que transcende, ou seja, vai além dos significados correntes dos atos de fala, isto é, ultrapassa o sentido da nossa compreensão. Esse tipo de compreensão é alcançado pelo fundamento essencial do indivíduo, que a Escritura chama de alma (Salmo 63.1).
[31] Hebreus 4.12.
[32] João 1.12.
[33] João 6.37.
[34] João 6.39.

vontade do Pai, que me enviou, é esta: que nenhum de todos aqueles que me deu se perca, mas que o ressuscite no último Dia". Assim, vender tudo o que tem é verdadeiramente nascer de novo e ser transformado pela ação redentora de Cristo por intermédio do Espírito Santo.

Já a parábola da pérola valiosa diz de um homem negociante que foi à procura de algo que valesse a pena. Ao encontrá-la, descobriu também que não tinha recursos para comprá-la. Da mesma forma que no caso anterior, ele foi, vendeu tudo o que tinha para possuí-la. Observe que nos dois casos há semelhanças e diferenças. Um encontrou por acaso, outro foi à busca dele. Mas nos dois casos precisaram vender tudo o que tinham. Isso nos ensina uma coisa. Mesmo para aqueles que buscam, é necessário se livrar dos valores mundanos e da soberba da vida. Sem isso, não terá condições de alcançar os tesouros escondidos na Palavra. Dessa maneira, concluímos que para descobrir e viver esses princípios precisamos não somente ver, ou seja, participar das benesses da proximidade com Cristo, mas também entrar no Reino de Deus[35], vivendo os princípios registrados nas Escrituras.

Princípio, no sentido que queremos afirmar aqui, é também o elo que liga dois outros importantes termos: temor e sabedoria. Leia em Provérbios[36]: "O temor do Senhor é o princípio da sabedoria, e a ciência do Santo, a prudência."

A palavra temor aqui vem do hebraico *yir'ah*, que na expressão literal indica algo como positivo, pois, no caso aqui citado, indica as boas intenções de Deus para conosco, assim como é motivo de alegria até mesmo para o Messias, como nos diz Isaías[37]:

> E repousará sobre ele o Espírito do Senhor, e o Espírito de sabedoria e de inteligência, e o Espírito de Conselho e de fortaleza, e o Espírito de conhecimento e de temor do Senhor. E deleitar-se-á no temor do Senhor e não julgará segundo a vista dos seus olhos, nem repreenderá segundo o ouvir dos seus ouvidos.

---

[35] João 3. 3-5.
[36] Provérbios 9.10.
[37] Isaías 11.2,3.

Observe que o temor do Senhor é objeto de alegria, pois deleitar aqui no contexto significa sentir alívio, ser espaçoso, cheirar ou soprar. Interessante observar que a palavra para Senhor no texto é *ruah*, que significa Espírito. Por isso é que, na passagem, é dito que sobre o Messias repousará o Espírito de sabedoria e de inteligência; o Espírito de conselho e de fortaleza e o Espírito de conhecimento e do temor do Senhor. Ou seja, fica assim demonstrado que ser habitação do Espírito Santo significa viver em silêncio e prática do temor do Senhor. Portanto, não há aqui nenhum significado de medo ou pavor, mas, ao contrário, de reverência[38].

Essa expressão também tem um significado que podemos chamar de jurídico, qual seja, reverência moral. Reverência aqui significa uma atitude de veneração ou adoração, de acatamento a algo digno de respeito. Ou seja, trata-se de um temor santo que nos capacita a possuir um sentimento de profundo respeito à autoridade de Deus, obedecendo a Seus princípios e mandamentos e, no mesmo tempo, evitando toda aparência do mal[39]. O temor do Senhor, ao contrário do que se pensa, estimula o crente a buscar a santidade[40] e isso reflete na nossa atitude para com os irmãos da fé[41].

Já moral é um conceito abstrato; trata-se dos costumes, deveres e modo de proceder, nesse caso, em relação à Divindade. Entretanto, não podemos perder de vista que a primeira expressão dessa moral está centrada no nosso relacionamento com os nossos semelhantes. Na verdade, o parâmetro da nossa reverência está nas nossas atitudes para com o próximo, pois é nisso que consiste a vida seguida por esses princípios[42]. A principalidade em Deus não se retrata em rituais ou ordens litúrgicas, ainda que essas coisas também façam parte, mas quando a nossa reverência fica reduzida à correta observação de cultos, ou liturgias, ou louvores, isso não é reverência, e sim uma falsa religião. Na verdade, a expressão de nosso amor a Deus é demonstrada na nossa ética.

---

[38] Romanos 8.15.
[39] 1 Tessalonicenses 5.22.
[40] 2 Coríntios 7.1.
[41] Efésios 5.21.
[42] 1João 5.12.

A ética bíblica diz respeito à maneira de vida que a Bíblia prescreve e aprova. Em conformidade com as escrituras, a conduta do crente não pode ser dissociada do complexo de disposições que se expressa em comportamento observável. A ética requerida pela bíblia diz respeito ao coração dos homens e da maneira como imaginamos, assim é. Ou seja, os nossos pensamentos guiam as nossas ações. Sendo assim, é necessário conhecer o que está governando nossos pensamentos e emoções. Não podemos perder de vista que isso governará as nossas vidas. Sabemos que pelas nossas ações somos conhecidos de Deus, que conhece as intenções do coração[43].

Já sabedoria vem do hebraico *hokhmah*, que é uma virtude intelectual de caráter prático, e não teórico. Aqui, sabedoria é a arte de ser bem-sucedido, de formar o plano correto para alcançar os resultados desejados. Sua sede é o coração, o centro de toda decisão moral[44]. A palavra coração na Bíblia, no seu sentido moral, indica o centro das emoções, vontades e pensamentos do homem. Por meio desse termo, a totalidade do ser humano é representada. No caso aqui, coração é uma metonímia[45], ou seja, na verdade, a palavra coração, quando não diz do órgão físico, está colocada em lugar de alma[46]. Alma fala do eu interior, da pessoa em si, ou seja, fala de mim mesmo. Nesse particular, a falta de sabedoria denuncia não uma mera irreverência, mas uma atitude concreta de rebeldia. Dessa forma, quando agimos contra a vontade de Deus, não temos como nos desculpar, pois, é claro, foi uma decisão intimamente pensada.

Então vimos que o Princípio liga os elementos morais que nos fazem agradáveis a Deus com a atitude prática de bem pensar e alcançar os fins que desejamos. Sem conhecer esses princípios, não podemos alcançar um relacionamento verdadeiramente de filho.

Então podemos passar a conhecer melhor quais são esses princípios. Certo dia, no horário do culto, quando fui procurado pelo pastor Roberto Lourenço, responsável pela Igreja, disse-me: "Pastor Sérgio,

---

[43] Romanos 8.27.
[44] DOUGLAS, J. D. *O Novo Dicionário da Bíblia*. 2. ed. São Paulo: Edições Vida Nova, 1995. p. 1423.
[45] Figura de linguagem em que a parte representa o todo.
[46] Provérbios 4.23.

tenho uma missão de Deus para você." Eu disse: "Diga!" Então, ele me falou: "Estava trabalhando, prestando atenção no meu trabalho e, de repente, Deus me mandou passar esta missão para você". Desse modo, ele pegou uma folha de ofício dobrada e me entregou. Quando abri, vi um título com 12 itens. O título era: DOZE PRINCÍPIOS DE DEUS PARA UMA VIDA ABUNDANTE. E logo em seguida vinham os itens a seguir:

1. Aliança
2. Graça
3. Fé
4. Santidade
5. Fidelidade
6. Honra
7. Disciplina
8. Obediência
9. Caráter
10. Mordomia
11. Semear e Colher
12. Gratidão

Quando vi essa relação, a minha cabeça de Teólogo começou a funcionar. A primeira coisa que percebi é que, nessa sequência, já havia uma lógica. Entendi: os seis primeiros itens falam da espécie de relacionamento que devemos ter com Deus. São características que dizem respeito à qualidade da nossa vida com Ele. Já os últimos seis itens dizem qual a maneira bíblica que devemos levar a nossa vida aqui na terra, no nosso relacionamento uns com os outros. E mais do que isso, falam das consequências da nossa vida como definida nos seis primeiros itens. Portanto, há uma interação clara entre todos eles. Fica, assim, patente o fato de que se vivermos apenas alguns desses itens e não abraçarmos os outros é como atravessar o mar num barco sem remos. Nós não conseguimos. Diante dos primeiros obstáculos, corremos o risco de naufragar, se Deus não nos socorrer na sua misericórdia.

Assim, gostaria de convidá-los para esta viagem e juntos, descobrirmos tão ricos tesouros para as nossas vidas. Façamos como Jesus, que passava para o outro lado do Mar da Galileia[47] e a sua travessia era sempre um ensinamento. Que possamos estar com os nossos corações atentos, lembrando que biblicamente coração significa alma, e recebermos da parte do Espírito Santo esses ensinamentos que certamente nos edificarão e podem transformar as nossas vidas.

---

[47] João 6.1.

Princípios de Deus no seu relacionamento com o ser humano

Aliança

Este primeiro princípio não aparece na Bíblia com esse termo. Na verdade, é necessário um esforço de interpretação para alcançá-lo. Essa palavra aparece algumas vezes no AT[48] no sentido de pacto[49], acordo ou mesmo confederação[50]. Em nível estritamente terreno, os acordos eram comuns nos tempos antigos e alianças com outros povos, nações, e muitas vezes envolviam o comércio[51], sendo concluídos com matrimônios e banquetes. Alguns desses acordos por matrimônios trouxeram grandes tribulações para Israel, como no caso de Salomão, que na idade da maturidade passa a adorar os deuses de suas esposas[52], ou Acabe que se casa com Jezabel[53], uma princesa fenícia, para fazer aliança com o seu pai, Etbaal, rei dos sidônios. Os profetas de Israel, em grande parte denunciavam esses pactos feitos com potências estrangeiras. Isso já prefigura a severa proibição de aliar-se ao mal, tendo como base a ideia de que não é possível misturar a justiça com a injustiça[54].

Entretanto, quando fazemos uma aliança com alguém, somos severamente repreendidos, se não cumprirmos o pacto. Além disso, todo pacto, ainda que humano, tem como premissa a igualdade de compromisso entre as partes, baseado na verdade e sinceridade em ambos os lados. E, dentro disso, os aspectos reparadores da aliança com Deus estão sempre presentes. Em Gênesis 34 temos um exemplo de pacto firmado no engano. Diná, a única filha de Jacó, foi passear em Siquém. Dentro

---

[48] Antigo Testamento será representado neste trabalho dessa maneira.
[49] Os termos hebraicos que aparecem são *"berith"*, *"gesher"*, *"nuah"* e *"hathan"*.
[50] Gênesis 14.13; 1 Reis 3.1; 2 Crônicas 18.1.
[51] 1 Reis 5.1-8.
[52] 1 Reis 11.1-8.
[53] 1 Reis 16.31.
[54] 2 Coríntios 6.14-16.

da cidade, é observada pelo Príncipe Siquém, filho de Hamor, que se apaixona por ela. Dominado por um sentimento de posse carnal, a conduz para uma armadilha, em que Diná é violentada. Porém, Siquém se apaixona pela moça e pede ao seu pai que a tomasse para ser sua mulher. Aqui, é necessário compreender que, naquela cultura, os casamentos eram realizados fruto de acordo entre os pais. Jacó, por sua vez, ao saber que sua filha havia sido violentada, se cala, e aguarda que os seus filhos retornem do campo, onde cuidavam do gado. Conta o ocorrido aos seus filhos, que são tomados de ira e desejo de vingança. Quando Hamor os procurou para fazer aliança por meio do casamento de seu filho com Diná, os filhos de Jacó propõem um sinal do pacto, qual seja, que todos os varões de Siquém se circuncidassem, alegando ser vergonhoso para eles fazer aliança com um povo não circuncidado. Entretanto, esse pacto era baseado no engano[55].

E as causas desse engano eram espirituais. Ao vir da casa de Labão, seu tio, de Harã, com toda a sua família, Jacó se estabelece defronte a Siquém, e ali compra uma parte do campo por cem peças de dinheiro. E aí, Jacó estende a sua tenda e constrói um altar, chamando-lhe de Deus, o Deus de Israel[56]. Ao retornar de Harã, Jacó viu nisso certa semelhança com o seu avô, Abraão que, ao chegar na terra, estabeleceu-se defronte a Siquém, no lugar chamado de carvalho de Moré[57]. Porém, ao contrário de Jacó, Abraão não construiu um altar antes que Deus lhe aparecesse ali[58]. E isso tinha um motivo. No final do versículo 6 no capítulo 12 de Gênesis temos registrada uma advertência: "e estavam, então, os cananeus na terra". Abraão logo identificou naquele povo várias semelhanças do que ele havia testemunhado tanto em Hur dos Caldeus quanto em Harã: idolatria, feitiçaria e violência. E Abraão já havia compreendido que o tipo de relacionamento que Deus quer conosco é algo muito mais pessoal, sem intermediários. Altar não é instrumento de adoração. Antes, é local de adoração. Não adoramos o altar, mas nele adoramos a Deus. Conforme vimos, Jacó entendeu que armando a tenda diante de Siquém e construindo um altar estaria livre

---

[55] Gênesis 34.13.
[56] Gênesis 33.20.
[57] Gênesis 12.6.
[58] Gênesis 12.7.

de problemas. Na verdade, ao contrário de seu avô que, entendendo ser a proximidade com o povo cananeu um perigo para a manutenção da sua fé, só construiu um altar quando Deus falou com ele. Ainda assim, entendendo que toda aquela terra estava sendo entregue à sua descendência, move-se dali para uma montanha isolada, ficando entre Betel e Ai. Após isso, não somente constrói um altar ao Senhor, como começa a invocar o seu Nome[59].

Isso já nos faz entender alguns aspectos da aliança de Deus com os homens como o primeiro de seus princípios espirituais. Nesse caso, a palavra hebraica que aparece é *berith*, que tem como raiz a palavra *bārā*. Na raiz, um pacto é uma escolha, tendo também o significado de formar ou alimentar. Esse termo, nessas condições, aparece pela primeira vez em Gênesis 6.18, na chamada aliança noaica pré-diluviana. Ali aprendemos os aspectos gerais desse tipo de aliança com Deus. A ideia aqui não é a de um pacto humano em que, como vimos, duas pessoas com interesses comuns e com o mesmo nível de autoridade estabelecem um acordo. Aqui, é Deus quem anuncia a Noé que estabeleceria com Ele a sua aliança. Um dos principais aspectos dos acordos humanos é a concordância entre ambas as partes. Nesse caso, porém, é Deus quem anuncia a Noé a Sua aliança. Portanto, trata-se de uma concessão, baseada na soberania de Deus e criada por Ele. Por isso, é uma ação estabelecida por Deus. Mas isso não significa que Noé não teria nenhuma responsabilidade pelo pacto. Ao contrário, a Noé cabia aceitar e obedecer às condições e às tarefas dadas a ele. Além disso, demonstraria a sua fidelidade selando esse pacto com um sacrifício de sangue[60].

É Deus quem toma para si a tarefa de formar ou alimentar o pacto. Isso significa que as falhas na execução da aliança passariam por um processo formador, no sentido de aperfeiçoar na outra parte, qual seja, o homem ou a mulher envolvido nela. Isso é o que acontece com Jacó e sua família. Após os fracassos do estupro de Diná e o pacto enganoso que termina com uma traição, quando Simeão e Levi lideram seus irmãos num assassinato em massa, aproveitando-se de que ao terceiro dia da circuncisão os homens de Siquém não teriam como revidar, pilharam toda

---
[59] Gênesis 12.8.
[60] Gênesis 8.20.

a cidade e tomaram[61] as crianças e mulheres como servos[62]. A despeito dos filhos de Jacó terem tomado por justiça os seus atos, para Deus esse tipo de ação é uma infâmia. E vemos isso na sequência do texto bíblico.

No capítulo 35 de Gênesis, Deus fala a Jacó. Ali, manda que se retire de Siquém e se instale em Betel, no mesmo lugar que Deus lhe aparecera na primeira vez, quando estava se deslocando para a casa de Labão[63]. Observe que, antes de partir, Jacó determina que seus filhos retirassem os deuses estranhos que havia entre eles, se purificassem e mudassem as suas vestes[64]. Devemos ter em mente que, tanto para Jacó quanto para os israelitas mais tarde, purificação era entendida no seu simples aspecto cerimonial. Ou seja, para se aproximar de Deus é necessário estar separado dos valores e práticas da sociedade sem Deus, e isso consiste em livrar-se de toda representação divina, de toda prática de adoração que não tivesse como ênfase adorar ao Deus de todas as coisas. Além disso, havia uma forte conotação higiênica. Trocar as vestes aqui significa se lavar e pôr roupas limpas. Certamente isso nos mostra os primeiros passos do aspecto formador de um caráter bíblico. Além disso, mostra-nos claramente que a primeira atitude de Deus quando quer tratar o nosso caráter é nos separar. Isso pode implicar também em uma separação física. Jacó e sua família se retiraram para um lugar isolado e separado das cidades cananeias. E ali começou o seu aprendizado. Não porque tenha permanecido no mesmo lugar. Após a morte de Débora, ama de Rebeca, Deus aparece mais uma vez a Jacó e lhe confirma as promessas, afirmando que todas as terras ali seriam de sua descendência, como havia prometido a Abraão e Isaque. Então, partiram para Belém[65]. Mas nem aí permaneceram, pois em Belém houve o parto trabalhoso de Raquel. Esta não resistiu e morreu. Foi o nascimento de Benjamin. E aí, partiu Jacó de Belém e seguiu para Migdal-Éder, que fica próximo de Belém. Parece que há um padrão aqui. Sempre que alguém na família morre, há necessidade de mudar de endereço. Como se isso fosse um sinal de mau agouro. Também Abrão muda de lugar quando o seu irmão Harã

---

[61] Desonra, ofensa, falso juramento.
[62] Gênesis 34.25-31.
[63] Gênesis 28. 19,20.
[64] Gênesis 35.1,2.
[65] Gênesis 35.19.

morreu, em Ur dos Caldeus, seguindo após esse falecimento para Harã, na Síria. Depois, quando morre Tera, seu pai, Abrão parte para Canaã. Mas quando os valores secularizados do mundo não param de dominar a nossa mente e a nossa compreensão, não importa quão longe deles estejamos. Seus valores sempre nos seguirão. E foi isso que aconteceu em Migdol-Éder. Ruben, seu filho mais velho, tem relações íntimas com Bila, concubina de seu pai.

No capítulo 37, José é vendido como escravo. Os filhos de Jacó desenvolveram uma inveja de José. Primeiro porque era explícito que o pai tinha preferência sobre ele, pois era o filho de sua velhice. Depois, José tem dois sonhos, em sequência, que o coloca em posição de eminência, inclusive sobre os pais. Teve uma época que os filhos de Jacó estavam em Siquém, apascentando o gado. Já se passaram vários dias e Jacó resolve enviar José para ver como os seus irmãos iam passando. Nessa época, Jacó estava acampado em Hebron. José então, desloca-se até Siquém. Ao chegar lá, não encontra os seus irmãos e é avisado por um habitante do lugar que eles haviam saído dali e ido a Dotã. Na verdade, o que aconteceu é que esse lugar era bem distante, já próximo de Samaria[66]. Quando seus irmãos o viram, tramaram primeiro a sua morte. Depois, com a negativa de Ruben, o mais velho, resolveram que lhe jogariam num poço e lhe deixariam lá para morrer. Mas Ruben se afasta, talvez para ir a alguma cidade próxima. Nesse meio tempo, passa um grupo de midianitas em direção ao Egito, seus irmãos presentes resolvem vendê-lo por 20 moedas de prata. Aí, o destino de todos está selado. Enquanto a família de Jacó continua com seus altos e baixos[67], além da grande tristeza que trouxeram ao pai ao alegarem a morte de José, este chega ao Egito, sendo vendido a Potifar, capitão da guarda de Faraó. Ali, Deus o prospera, tornando-se governante da casa, mas a sua beleza física atrai a cobiça da mulher de Potifar. Esta lhe prepara uma armadilha, deixando-o sozinho na casa, a mulher então lhe toma pelas vestes e exige que ele se deite com ela. Ao escapar, deixa a sua veste na mão dela, tornando-se a prova de seu suposto crime e determinando a sua prisão. Lá, mais uma vez, José prospera, interpreta dois sonhos relatados pelos seus companheiros de cela, o copeiro-mor e o padeiro-mor do

---

[66] O nome Samaria foi indicado apenas como referência de lugar. Na verdade Samaria só veio a ser construída por Onri já no período da monarquia. Cf. 1 Reis 16.24.
[67] Gênesis 38.

Faraó e conforme sua palavra, assim se sucedeu[68]. O copeiro-mor, porém, esqueceu-se de José. Entretanto, certo dia o próprio Faraó tem um sonho e José interpreta o sonho. Nesse sonho, havia necessidade de preparar o Egito para sete anos de fome sobre a terra. O governante egípcio resolve nomear o próprio José para a tarefa. E assim ele se torna a segunda autoridade do Egito[69].

Mas isso não conclui a saga da família de Jacó. A aliança de Deus é com toda a família. E isso significa que toda a família precisa ser curada. Na verdade, o próprio José ainda precisa liberar perdão. Então, vem o período de seca, que chega até Canaã. Seriam sete anos ininterruptos sem chuvas. Os irmãos de José sabem que no Egito tem pão. Então, Jacó decide enviar seus filhos até o Egito. Mas não permite que Benjamin siga com eles, para que não sucedesse o mesmo que, no pensamento de Jacó, ocorrera com José. Ao chegar ao seu destino, José os reconhece e começa uma série de atos de provação contra eles. Primeiro, lhes trata asperamente. Acusou-os de serem espiões, exige que o irmão mais novo, Benjamim, venha para o Egito. E determina que fiquem presos por três dias. No fim desse tempo, decide que somente um ficaria, enquanto os outros voltariam para casa, a fim de buscar Benjamin e provar a inocência deles. Angustiados, começam a confessar sua culpa entre eles. Reconhecem que estão sendo punidos pelo ato covarde que fizeram com o seu irmão. José entende as suas palavras, se recolhe e chora. Apesar disso, libera os outros e prende a Simeão. Manda encher os seus sacos de trigo e lhes devolver o dinheiro, sem que soubessem. Ao descobrirem no caminho que alguém havia devolvido todo o dinheiro, ficaram em desespero. Ao chegarem em casa, contam o ocorrido ao pai. Jacó, de princípio, não aceita que levem Benjamin, pois teme pela sua segurança. Entretanto, a fome se agrava em Canaã. O trigo que haviam trazido se acaba. Não houve alternativa, a não ser retornar ao Egito. Diante da negativa de Jacó de levar a Benjamin e sabendo que havia uma ordem expressa de uma autoridade egípcia para que retornassem com seu irmão, Judá se coloca como fiador de Benjamin. Jacó consente, e manda-lhes que levem o valor cobrado mais o valor colocado no saco, além daquilo que houvesse de melhor na terra, como amêndoas e especiarias.

---

[68] Gênesis 40.
[69] Gênesis 41.

Ao vê-los chegar, José determina que lhes prepare um almoço. Temeram muito quando foram levados à casa de José. Contam ao servo de José tudo o que havia acontecido na viagem de volta. Ao meio-dia, José chega até eles e os trata bem. Todos os seus irmãos se reclinam diante dele. José ordena aos seus empregados que enchessem novamente os seus sacos de trigo e colocassem o dinheiro de volta. Ainda que colocassem o seu copo de prata no saco de Benjamin. Quando eles foram embora, José determina que seus soldados e empregados fossem atrás deles, e os prendesse pelo roubo do seu copo de prata. Ao se defrontarem com os empregados de José, não sabendo o que havia ocorrido, dizem que aquele que fosse achado com o copo de prata morra. E buscando o copo do maior ao menor, o acharam no saco de Benjamin. Diante do fato, Judá toma a dianteira, argumenta com José tudo o que tinha acontecido e propõe ficar em prisão no lugar de Benjamin. Então, movido de íntima compaixão, José se dá a conhecer a seus irmãos. E levantou-se uma grande voz de choro, que foi ouvida na casa de Faraó. E José completa com estas palavras: "Assim, não fostes vós que me enviaste para cá, senão Deus, que me tem posto por pai a Faraó, e por senhor de toda a sua casa, e como regente em toda a terra do Egito"[70].

Dessa forma, toda a família de Jacó, inclusive ele, foi curada. Toda essa trajetória ocorreu porque Deus tinha uma aliança com Jacó, extensiva à sua família, e eles precisavam ser curados das suas mazelas emocionais[71]. Ao mesmo tempo, os propósitos eternos de Deus iam se concretizando na vida daquela casa.

Até aqui, vimos os aspectos gerais da aliança de Deus com os homens. Já os seus aspectos específicos vão sendo revelados, na medida que as demais alianças pessoais vão acontecendo. Então, na aliança abrâmica, além dos aspectos relacionados com a posse da terra, vemos ali a promessa de que por meio da descendência de Abraão seriam abençoadas todas as famílias da terra[72]. E os seus elementos propiciatórios foram selados mediante um sacrifício de sangue[73]. Também é enfatizado nessa aliança as suas características de salvação. Entretanto, não se trata de uma aliança

---

[70] Gênesis 45.8.
[71] Gênesis 42-45.
[72] Gênesis 12.3; Atos 3.25.
[73] Gênesis 15.9-17.

que inclui toda a carne, como na aliança noaica[74]. Além disso, aqui já se trata de uma aliança com aspectos profundamente espirituais, pois exigia consagração, ou seja, a estrita observância de um comportamento obediente a essa aliança.

Na aliança mosaica, os aspectos espirituais dessa aliança se intensificam, exigindo dos seus participantes santidade, ou seja, trata-se aqui da consagração de um povo na terra para Deus. Visto que a humanidade havia se voltado para ídolos diversos e práticas não aprovadas pela aliança universalista dada a Noé, Deus separa para si um povo que dará testemunho Dele. E aqui, mais uma vez, o fator determinante dessa separação foi a obediência. Assim, a obediência seria o meio pelo qual as bênçãos que acompanhavam essa aliança fruiriam na vida dos participantes dela.

Já na aliança davídica, além dos aspectos de obediência e santidade exigidos nas alianças anteriores, destacam-se os aspectos de permanência e segurança da aliança firmada por Deus com os homens[75]. Aqui, já se alinham nessa aliança os seus aspectos messiânicos[76]. Nela aprendemos os aspectos mais interiores da aliança de Deus conosco. Não se trata de uma obediência exterior, de aparência, ou uma santidade para satisfazer o ego humano, mas da criação de uma nova consciência no homem por meio de novos valores e formas de pensar. Nesse ponto, revela-se que nesse ambiente de interiorização desses valores Cristo será o próprio pacto.

Então, chegamos ao pacto que mais nos interessa, porque diz respeito à Igreja na terra. É a Nova Aliança. Esta é chamada de aliança da plenitude dos tempos[77], sendo também chamada de aliança eterna[78]. As alianças anteriores são chamadas de perpétuas, ou seja, são válidas para a vida aqui na terra. Já essa é válida para a eternidade. Daí, o seu caráter superior às anteriores e, ao mesmo tempo, demonstra que aquelas são alianças provisórias, no sentido de preparar a humanidade para a vinda do cordeiro[79], revelando as principais características delas, no tocante ao papel do homem e da mulher inseridos nessa nova aliança. Assim, já

---

[74] Gênesis 9.9-17.
[75] Salmo 89.3; 2 Samuel 23.5.
[76] Atos 2. 30-36.
[77] Gálatas 4.4.
[78] Hebreus 13.20; 12.28.
[79] João 1.29.

descobrimos que a observância aos seus aspectos mais internos, como obediência e santidade, aliadas a uma vida espiritual intensa, são aspectos relevantes para os componentes da Igreja de Cristo. Isso não significa que a nova aliança em Cristo tenha anulado as alianças anteriores. Muito ao contrário, demonstra para nós os seus aspectos revelativos naquilo que é inerente à Igreja, sem perder o caráter universalista, como no caso da aliança noaica, a obediência e espiritualidade da aliança abrâmica e mosaica, e a segurança e permanência da aliança davídica. O Apóstolo Paulo, na epístola aos Gálatas[80], conduz-nos na compreensão do relacionamento entre essas alianças. Ali, aprendemos que aquilo que herdamos como Igreja é cumprimento de promessa dada a Abraão e à sua posteridade. Paulo nos mostra que essa promessa é indicada para uma única posteridade, ou seja, a uma descendência já determinada, que é aquela que vem por intermédio de Cristo[81]. Entretanto, a Lei de Moisés que vem 430 anos depois da promessa feita a Abraão não invalida essa promessa, pois, por um raciocínio lógico, Paulo defende que se a herança tem como origem a Lei, esta anula a promessa. Mas, verdadeiramente, a promessa fora dada de forma gratuita a Abraão. Mas se a promessa foi dada a Abraão, qual o papel da Lei? O Apóstolo Paulo nos responde dizendo que ela foi dada a Moisés por causa das transgressões, para que o povo de Deus tivesse um código de conduta provisório até que viesse a posteridade, que é Cristo. Dessa maneira, cada aliança cumpriu o seu papel, como um tutor, conduzindo aqueles que estavam debaixo dessas alianças até que a aliança verdadeira viesse. Pois, fica estabelecido, não se trata de um sistema exterior de justificação, como no pacto mosaico, mas, sim, do surgimento de uma nova consciência[82].

    Além disso, vimos que toda aliança é selada com sangue. Dessa forma, essa nova aliança também deveria ser selada com sangue. Entretanto, visto que aqui a aliança é eterna, seria necessário algo que tivesse também um caráter eterno para selar essa aliança. Aqui, ficam evidenciados os aspectos reparadores da criação de Deus nos pactos realizados com o homem. É o próprio Deus quem se responsabiliza pela aliança, pois não

---

[80] Gálatas 3.17-29.
[81] Gálatas 3.16.
[82] 1 Pedro 3.21.

se trata de um acordo entre as partes, sendo que Ele mesmo estabelece e mantém os elementos ativos desse pacto. No seu pacto com Abraão[83], este não participa do sacrifício, mas são providenciados para ele os elementos necessários. E depois, no capítulo 22, versículo 13, Abraão não sacrifica o seu filho Isaque, mas é Deus quem providencia o cordeiro do sacrifício. Isso significa que os elementos do sacrifício são providenciados por nós, mas o sacrifício e o objeto do sacrifício são providenciados por Deus. Na Nova Aliança, os elementos do sacrifício são arrependimento pessoal e confissão de pecados individuais. Sendo que o reconhecimento do nosso verdadeiro estado interior também é a alcançado pela ação de Deus, na seguinte sequência: primeiro, ouvimos a palavra da verdade, sendo esta chamada de evangelho da salvação. Depois, tendo a resposta da fé salvífica, recebemos o selo do Espírito Santo, que é o garantidor das promessas[84].

Nos tempos antigos, quando havia uma negociação que envolvia recursos financeiros, o comprador levava a mercadoria, mas deixava como garantia o seu selo pessoal. Na data aprazada, o comprador se comprometia a estar no mesmo local e hora pré-determinados para pagar a sua dívida e receber de volta o seu selo. Isso acontece na negociação entre Judá e sua nora Tamar[85]. Essa é, portanto, uma linguagem jurídica. Na Nova Aliança, o selo é a garantia daquele que fez o resgate, no caso Cristo, de que um dia voltará e pegará o selo de volta. Nesse sentido, o selo representa uma posse da parte de Deus do crente salvo, assim como uma segurança jurídica de que as promessas contidas nessa aliança se cumprirão. Isso não quer dizer que não haja nenhuma participação do crente nessa aliança, ao contrário, o crente participa por meio da obediência, tanto nas suas condições quanto nas suas tarefas. Trataremos desse princípio em outro lugar, mas, por enquanto, podemos saber que a obediência aqui é uma atitude passiva do servo que dispõe a sua vontade ao seu Senhor. João[86] diz-nos: "O vento assopra onde quer, e ouves a sua voz, mas não sabes de onde vem, nem para onde vai; assim é todo aquele que é nascido do Espírito".

---

[83] Gênesis 15.12.
[84] Efésios 1.13.
[85] Gênesis 38.
[86] 3.8.

Assim, temos por intermédio do selo do Espírito Santo, que no texto grego é *arrabon*, incorporado a Cristo no batismo, mediante a fé, uma adesão individual com a aliança neotestamentária, de forma que esses sejam sinais garantidores da redenção final. Essa selagem é um sinal de posse, que se trata de uma metáfora muito bem compreendida pelos crentes da época de Jesus. Aqui, o Espírito Santo se torna a marca divina sobre aqueles que são Dele, sendo agora um penhor, ou seja, uma garantia de que todas as promessas envolvidas na aliança serão cumpridas. É necessário, entretanto, saber que participamos dessa aliança por meio da obediência passiva aos mandamentos do seu Senhor[87].

Graça

Esse termo tem sido interpretado pela tradição teológica simplesmente como "favor imerecido". Esta tem sido a tentativa de traduzir uma ação soberana de Deus que se reveste de complexidade. Na verdade, a dificuldade é porque aquilo que na palavra grega *"charis"* significa favor envolve ações misericordiosas de Deus tais como perdão, salvação e regeneração. A graça é uma consequência direta da aliança de Deus com os homens e, como visto na seção anterior, envolve apenas a soberania de Deus, cabendo aos homens aceitar e cumprir as exigências desse pacto. Nesse sentido, as palavras de João se revestem de significado: "Porque a lei foi dada por Moisés; a graça e a verdade vieram por Jesus Cristo"[88].

No AT, os termos hebraicos que têm sido compreendidos por graça são *hesed* e *hen*. No primeiro, a maior parte das traduções usa as palavras misericórdia e outras vezes bondade, e, ainda, algumas vezes longanimidade. O outro termo significa um favor voluntário, independentemente de merecimento, de um superior, que pode ser humano ou divino, para outro inferior.

Entretanto, podemos dizer que a diferença entre aquilo que é entendido por graça na Antiga Aliança e aquilo que se entende na Nova Aliança, corroborando a passagem de João citada anteriormente encontra-se no grau e amplitude dessa graça. Enquanto na Lei a graça

---
[87] João 15.7,8.
[88] João 1.17.

era pontual, ou seja, podia se referir a um indivíduo[89] ou a uma nação[90], agora se refere a toda a humanidade[91] durante todo o período da graça[92]. Nesse sentido, esse favor de Deus é a resposta dada por Ele ao problema do pecado.

Nos textos neotestamentários, o termo grego *charis* aparece frequentemente para traduzir a palavra hebraica *hen*. Já para *hesed* é usada normalmente a palavra grega *eleos* no sentido de misericórdia, principalmente nos textos que fazem referência a outros textos do AT[93]. Entretanto, de maneira geral, a palavra graça é a tradução preferível por mostrar a ideia de que se trata do poder divino equipando o homem com a capacidade de viver uma vida moral. Interessante observar que nos evangelhos, Jesus demonstra a sua graça a partir de parábolas e nunca a partir do termo, dando maior ênfase no sentido de que essa graça adquire no seu ministério do que por meio de uma palavra específica. Isso nos ensina que, em Cristo, a graça só pode ser compreendida quando vivida. Por exemplo, na parábola dos trabalhadores da vinha[94] é enfatizado o fato de essa aliança da graça ser parte da soberania divina, não cabendo ao ser humano discutir ou questionar as condições dessa graça. Devemos apenas aceitar. Já a parábola da grande ceia[95] nos mostra que o privilégio espiritual de estar na presença de Deus pode ser perdido se a nossa resposta quanto à chamada for negativa, demonstrando ainda que a salvação não seja destino de poucos privilegiados, mas oferecido a todos. Numa parábola, o Pastor abandona 99 ovelhas no aprisco para buscar uma que se perdeu[96]. Em outra, ele recebe de braços abertos o filho que se perdeu, mas não vai buscá-lo, antes aguarda que retorne para casa[97]. Observe que essas duas parábolas estão em sequência no evangelho de Lucas, ensinando-nos algo. No versículo dois os fariseus estão se questionando pelo fato de Jesus receber e comer com pessoas

---

[89] Gênesis 6.8.
[90] Lamentações 3.22.
[91] 2 Coríntios 5.18,19.
[92] Mateus 25.10.
[93] Romanos 9.15-18, 23; 11.30-32.
[94] Mateus 20.1-16.
[95] Lucas 14. 16-24.
[96] Lucas 15. 4-7.
[97] Lucas 15.20-24.

que não estão inseridas no contexto rabínico da época. A primeira resposta de Jesus é dada narrando a parábola da ovelha perdida. Observe que Jesus está falando, por analogia, de pessoas que não estão inseridas no Templo ou Igreja (numa visão moderna), mas que deveriam estar. E ele usa essa parábola para, de modo indireto, revelar a sua missão[98]. Jesus abandonou a sua Casa[99], despojou-se da sua glória, para buscar ovelhas perdidas, visto que os sacerdotes e estudiosos do Templo não estavam preocupados com isso, pois estes entendiam que a salvação e as promessas divinas eram de exclusividade deles. Assim, Jesus nos ensina que faz parte da Igreja a missão de buscar pecadores fora de suas paredes e juntá-los. Entretanto, ele não diz que isso é trabalho obrigatório para toda igreja, mas é a missão daqueles que foram chamados para isso, visto que 99 ovelhas permaneceram juntas no aprisco. Observe ainda que essas 99 ovelhas ficaram no deserto, aparentemente desprotegidas.

Será que Jesus deixaria suas 99 ovelhas desprotegidas? Claro que não. Na verdade, ele confiou a segurança de suas ovelhas àqueles que foram chamados para isso[100]. Observe que em João [101], Jesus nos ensina que ele é a porta e o pastor das ovelhas precisa passar por ele. E acrescenta: "A este o porteiro abre, e as ovelhas ouvem a sua voz, e chama pelo nome as suas ovelhas e as traz para fora". E a partir do verso 7 começa a nos dar o modelo de pastor, sendo ele o Bom Pastor. Ou seja, o trabalho daqueles que permanecem é proteger as ovelhas de Cristo, o verdadeiro Pastor.

Já na parábola do filho pródigo, o que Jesus nos ensina é que, quando um filho já está farto, no sentido de fartura e bençãos acumuladas, e abandona a sua casa para viver dissolutamente, não é obrigação do pai de família partir para buscar esse filho, pois ele já conhece ao Pai e viveu fartamente na presença dele. Quando sua fartura se acabar e estiver comendo bolotas de porcos, ou seja, a semente de uma vagem chamada de alfarroba, que era costumeiramente o último recurso de alimentação nos tempos de seca ou extrema pobreza, esse filho se lembrará de que viveu fartamente na presença do Pai. Aí, se tiver pronto para reconhecer

---

[98] Mateus 18.11.
[99] Filipenses 2.7.
[100] Efésios 4.11,12.
[101] 10.7.

o seu pecado e se arrepender[102] e, com os seus próprios pés, retornar para casa[103], esse Pai estará de braços abertos para recebê-lo[104]. Fica claro aqui que o princípio da graça se estabelece no arrependimento[105].

Mas é nas epístolas paulinas que vemos o desenvolvimento teórico do conceito de graça e, a partir dele, a Igreja tem desenvolvido suas doutrinas. Começando na sua Carta aos Romanos, em que inicia essa epístola mostrando a condição natural de pecado da humanidade[106] e conclui o seu pensamento anunciando a possibilidade de justificação como um ato da graça. O gatilho disparador dessa graça é anunciado por Paulo como sendo a fé[107], mas não apenas como alguma ação independente da parte do homem[108]. Dessa forma, sob a graça, a posição daquele que crê não se resume em algo existente nele, mas se trata de uma ação livre e soberana da parte de Deus. A esse processo de escolha livre de Deus sobre a vida do homem Paulo chama de eleição, ou seja, a independência humana é restringida, mas não anulada, ao mesmo tempo que a ação livre de Deus se transforma numa outorga, e sendo assim se trata de uma doação. Cada passo da caminhada cristã é revestido e totalmente dependente dessa graça em todas as suas etapas: desde a chamada[109], passando pelo arrependimento[110] até a concessão da fé[111]. Em Romanos[112], Paulo resume todo o processo de caminhada cristã, indo até a glorificação final dos redimido em Cristo.

Apesar da aparente univocidade da salvação humana, ou seja, em determinados momentos parece que Paulo desenvolve o tema da salvação pela graça como uma responsabilidade única da parte de Deus, na verdade ele sempre desenvolve esses conceitos em paralelo com o importante assunto da responsabilidade humana nesse processo. Para ele,

---

[102] Lucas 15.17,18.
[103] Lucas 15.20.
[104] Lucas 15.22-24.
[105] Marcos 1.15; 6.12.
[106] Romanos 1.16; 3.20.
[107] Romanos 5.2.
[108] Romanos 3.23,24.
[109] Gálatas 1.15.
[110] 2 Timóteo 2.25.
[111] Efésios 2.8,9.
[112] 8.28-30.

a obediência aos termos dessa aliança é uma atitude moral, não podendo ser entendida de outra forma[113]. Aqui, Paulo nos ensina que a graça é livremente alcançada pelo homem, que não tem nenhuma maneira de alcançá-la por si mesmo, mas é recebida em forma de um convite[114].

No capítulo oito de Romanos é enfatizado o caráter ético da salvação ligado aos seus valores espirituais, demonstrando carne e espírito como dois termos opostos os quais o crente deve sempre escolher viver[115]. Desse ponto de vista, o batismo do crente não é mero simbolismo social, mas enfatiza nos seus aspectos objetivos aquilo que é a fé para o sujeito.

É interessante observar as ênfases diversas dadas ao tema da graça por outros escritores neotestamentários. Em 1 Pedro, a graça é vista como uma herança, dando maior importância aos aspectos de aperfeiçoamento do crente para recebimento da glória futura do crente. Em Hebreus, a graça é relacionada ao sofrimento de Cristo[116]. Nos escritos joaninos, pouco é falado sobre a graça, sendo destacado aqui o amor de Deus para com todos os homens. Entretanto, podemos concluir que a religião da bíblia é a religião da graça. Não havendo graça, não há evangelho[117].

Fé

No AT, a palavra fé só aparece de maneira literal em Habacuque 2.4: "o justo pela sua fé, viverá". O termo hebraico para fé aqui é *emunah*. Entretanto, o seu significado é diferente daquele usado normalmente pelos leitores do NT[118]. A palavra *emunah* tem como raiz o termo *emun*. Essa palavra surge no original em Deuteronômio[119]: "geração de perversidade, filhos em quem não há lealdade". Aqui, a palavra *emun* foi traduzida como lealdade. Dessa maneira, para a maioria dos eruditos, essa palavra denota o sentido de firmeza de propósitos, estabilidade de crenças e um sentido de caminho verdadeiro. Interessante observar que essa expressão

---

[113] Romanos 6.17.
[114] Efésios 1.13.
[115] Romanos 6.1.
[116] Hebreus 2.9.
[117] J. MOFFAT. *Grace in the New Testament*. Nova York: R. Long& R. R. Smith, 1932.
[118] Novo Testamento.
[119] 32.20

é bastante usada pelos salmistas ao louvarem a Deus na sua fidelidade. Por exemplo[120]: "Porque a palavra do Senhor é reta, e todas as suas obras são fiéis". Ou[121]: "a sua verdade estende-se de geração a geração". Observe que apesar de a palavra fé aparecer em sentido diferente dos evangelhos, é na dispensação da lei que encontramos os seus fundamentos. Todas as vezes que aparecem no AT palavras como crer, confiar ou esperar, certamente o que está por trás desses termos é a ideia de fé.

Fica claro até aqui que a base correta de fé está na atitude individual correta para com Deus. A passagem veterotestamentária que resume isso está no Salmo[122]: "Entrega o teu caminho ao Senhor; confia nele, e ele tudo fará". Observe que essa passagem resume tudo o que foi dito até aqui sobre fé. Além disso, fica claro que o que o salmista buscava era uma vida elevada, ligada nas coisas do alto e não nas coisas da terra[123]. Mais do que a certeza de algo que vai acontecer, o que se pede antes é uma atitude, ou seja, o que se pede aqui é que o ser humano deposite a sua confiança em Deus, sendo essa a íntima natureza da fé. Um grande exemplo de fé nesse sentido no AT está no personagem Abraão. A respeito dele está registrado tanto[124] no AT como no NT: "creu Abraão em Deus, e isto lhe foi imputado por justiça". Observe que em Romanos[125] é contrastado o conceito de obra da Lei Mosaica com seus ritos e observâncias segundo mandamentos de homens[126] e o ato de confiança naquele que nos salvou como fundamento da fé, agora no sentido neotestamentário. Paulo observa que, ao executar sacrifícios, o galardão é segundo a dívida, ou seja, é um cobrimento de pecado, enquanto na graça é enfatizada apenas a soberania de Deus, fazendo sua aliança mediante o arrependimento e a fé em Cristo, cabendo aos homens aceitar e cumprir as exigências desse pacto, conforme visto na seção anterior.

No NT, assim, a palavra fé ganha novos significados. A ideia central ligando o fato histórico de que Cristo Jesus veio ao mundo para ser

---

[120] Salmo 33.4.
[121] Salmo 100.5.
[122] Salmo 37.5.
[123] Colossenses 3.2.
[124] Gênesis 15.6; cf. Romanos 4.3.
[125] Romanos 4.2.
[126] Marcos 7.7.

salvador do mundo é o ponto mais importante. Esse fato se concretiza quando Cristo morre como expiação na cruz[127]. Desse ponto de vista, fé passa a ter o sentido de uma atitude, no qual o ser humano abandona toda confiança em seus próprios esforços para obter salvação. Observe que no AT, vários personagens bíblicos clamavam por justiça baseados no fato de aqueles homens e mulheres entenderem que a sua vida íntegra e suas atitudes baseadas numa ética divina lhes permitiam reivindicar justiça, ou seja, para o crente da velha aliança, a justiça de Deus tinha um caráter fortemente meritório, ainda que reconhecessem que quem fazia justiça era sempre Deus. Entretanto, nas "boas novas"[128], a fé passa a indicar, em primeiro lugar, uma atitude de completa confiança na pessoa de Cristo e total dependência d'Ele, em todos os aspectos que envolvem o processo de salvação[129].

Tanto o substantivo grego *pistis*, que significa fé, quanto o verbo *pisteuō*, que significa crer, ocorrem nos textos neotestamentários mais de 240 vezes cada um. O verbo crer, frequentemente, é seguido pela palavra que, indicando que a fé diz respeito a fatos[130]. Nesse sentido, a fé está dizendo respeito a uma narrativa ou a um discurso[131]. Portanto, fica patenteado que a fé vem, em primeiro lugar, pelo ouvir[132]. Na carta aos efésios[133] Paulo explica a sequência dos fatos que seguem a fé e a consequência da salvação: "em quem também vós estais, depois que ouviste a palavra da verdade, o evangelho da vossa salvação; e, tendo nele também crido, fostes selados com o Espírito Santo da promessa". Além disso, existe certo caráter intelectual da fé, pois, certamente, quando alguém confia na narrativa e aceita o discurso, passará a dirigir a sua vida baseada nessa fé. Dito de outra forma, a crença genuína de que aquilo que foi ensinado é verdadeiro gera no sujeito da fé uma transformação de pensamento e atitude, gerando aí uma confiança legítima naquele que se revelou, no caso Cristo pela obra do Espírito Santo. Dessa maneira, crer aponta um

---

[127] João 1.29.
[128] Trata-se da tradução da palavra grega *Eu Angelos*, cuja combinação forma a palavra evangelho.
[129] Romanos 8.24.
[130] João 6.29.
[131] João 8.45.
[132] Romanos 10.17.
[133] Efésios 1.13.

evento único no passado e, no exercício da fé no sujeito, representa uma entrega total a Cristo, ou seja, essa fé, para ser genuína, não pode ter um aspecto passageiro, mas combina com uma fé presente em caráter permanente. Dessa forma, a fé é, na verdade, o conjunto completo do ensino e prática cristã, transformando o caráter do indivíduo[134].

A palavra fé e seu correlato crer surgem em vários significados nos evangelhos sinóticos[135]. Tanto pode vir relacionada com cura como no caso da mulher com fluxo de sangue[136], quando Jesus lhe diz: "Tem bom ânimo, filha, a tua fé te salvou", como pode ser usado num sentido mais geral, quando o mesmo Jesus diz: "Tudo é possível ao que crê![137]". É necessário saber, em todo o tempo, que essa fé estará sempre direcionada à pessoa de Jesus.

Já no evangelho joanino, a ideia da fé permeia todo o texto, mas a palavra fé nunca é usada, preferindo sempre o verbo crer. Esse verbo aparece no seu evangelho 98 vezes, indicando a sua proeminência. A ênfase de João estava relacionada a uma fé dinâmica na pessoa de Cristo, dando muito destaque no fato de crer no nome de Jesus[138]. Para os povos antigos, o nome de alguém define a pessoa inteira, tanto o seu caráter como os seus atos. Portanto, aqui indica a necessidade de depositar sua total confiança naquilo que Cristo é em si mesmo. Outra característica do ensino de João é o fato de decidirmos a nossa eternidade, a partir do fato de Cristo na nossa vida, no sentido de que crer em Cristo não significa simplesmente ter segurança de uma vida em Cristo no futuro, mas, ao contrário, propicia vida eterna já, agora, pois quem confia no Filho tem a vida eterna[139].

Quando a fé adquire contornos mais fortemente doutrinárias são nas epístolas paulinas. Ali, a fé é uma espécie de identidade do cristão, sendo o reflexo de suas atitudes. Destaca-se ali o fato de que para Paulo o cristianismo é mais do que um sistema de bons conselhos, mas diz aos homens como devem agir em todos os aspectos de suas vidas, tanto em

---

[134] Colossenses 2.6,7 cf. Romanos 12.2.
[135] Mateus, Marcos e Lucas.
[136] Mateus 9.22.
[137] Marcos 9.23.
[138] João 3.18.
[139] João 3.36; 5.24.

caráter privado como público ou no contato com os outros fiéis. Além disso, Paulo ensina baseado no fato da impossibilidade de o ser humano se tornar isento de culpa por si mesmo, sendo necessário receber poder para viver as boas obras[140]. Para isso, é apontado que o poder do Espírito Santo é colocado à disposição da Igreja[141], mas sabendo que isso só acontece quando o indivíduo coloca a sua confiança em Cristo, crendo nas suas promessas[142]. Portanto, nada substitui a fé e, além disso, tudo começa com ela. Assim, quando o ser humano confia em Cristo, isso significando que renunciou a toda soberania sobre a sua própria vida[143], recebe o Espírito Santo como parte da vida na era vindoura, e como garantia de que o restante das promessas será recebido infalivelmente em tempo próprio.

O escritor de Hebreus enfatiza o caráter universal da fé em todo o povo de Deus ao longo da história. Aqui, ele chama a atenção para uma fé que não é baseada na vista e, nesse sentido, ela é a certeza das coisas que não se vê[144]. Nesse ponto de vista, o escritor de Hebreus destaca que apesar de não possuírem provas externas daquilo que aguardavam, apegaram-se firmemente a elas, ou seja, andavam por fé e não por vista.

Assim, fé se torna um dos mais importantes conceitos do NT, sendo requerido tanto para aceitar a narrativa, as boas novas, quanto para crer nas promessas daquele que veio para nos salvar, Cristo Jesus. Num sentido mais profundo, fé significa lançar-se inteiramente em direção às promessas postas em Cristo referentes à salvação. Dessa maneira, fé implica em completa dependência a Deus e plena obediência ao Senhor.

Santidade

A primeira palavra que surge no AT para santidade é *qadhosh*. Essa palavra provavelmente signifique separação, indicando a consagração tanto de pessoas quanto coisas[145] para uso divino. Nesse sentido, a primeira

---

[140] Efésios 2.10.
[141] João 14.16,17.
[142] Romanos 8.1-5.
[143] João 3.8.
[144] Hebreus 11.1.
[145] Levíticos 27.28.

aplicação é dada ao sábado como sétimo dia[146], sendo aplicado também esse adjetivo ao lugar de adoração no santuário quanto a objetos dentro dele, tanto quanto a pessoas, sacerdotes e levitas ligados à adoração a Deus. Nesse sentido, santidade falava de separação do uso comum para consagração ao uso sagrado.

Interessante observar outro termo que surge no hebraico para consagração ou separação para Deus. Trata-se de *hāram* que, nesse caso, tanto pode indicar coisas separadas para serem abençoadas[147] como coisas separadas para serem destruídas[148]. Nesse segundo caso, temos o evento de Josué capítulo sete no chamado pecado de Acã. No capítulo seis, Deus ordena a Josué que diga ao povo não tomar do anátema. Entretanto, conforme o relato do próprio Acã[149], ele toma de alguns objetos que haviam sido consagrados ao Senhor. O resultado foi a morte dele e de sua família, que certamente participaram do evento.

A origem mais nobre para o termo santidade está no seu uso para caracterizar o caráter de Deus. Nesse caso indica, em primeiro lugar, a separação da pessoa de Deus da sua criação e estar elevado em relação a ela, estabelecendo assim a sua transcendência. Ao se pronunciar santo, Deus estabelece a sua determinação de preservar a sua própria posição em relação a todos os outros seres livres tornando-se, dessa maneira, um padrão absoluto de si mesmo. Ou seja, o caráter ético de Deus torna-se a cana de medir o comportamento, valores e atitudes de todas as criaturas livres, tanto anjos como homens. Dessa forma, santidade indica a excelência moral de Deus e a sua liberdade em relação a toda limitação. A santidade toma tal sentido em Deus, que ela é o parâmetro de todos os atos divinos e o parâmetro para o uso de todos os seus atributos. Como reflexo de si mesmo, convoca a todos os chamados servos a serem como Ele: "Sede santos, porque eu sou santo[150]".

Como revelação bíblica, a santidade como atributo humano vai sendo revelada a partir de coisas e pessoas, inclusive em relação à nação

---

[146] Gênesis 2.3.
[147] Levíticos 27.28,29.
[148] Que significa reprovação enérgica; condenação, repreensão, maldição, execração.
[149] Josué 7.20,21.
[150] 1 Pedro 1,16; Levíticos 11.45.

de Israel, em princípio no sentido de consagração para as coisas sagradas. Entretanto, o entendimento de santidade vai avançando para alcançar um sentido essencialmente ético, tornando-se esse o principal sentido para essa palavra, exposto no NT. No AT, os profetas eram canais de revelação divina, no sentido de proclamar ao povo os aspectos de seu caráter que é aquilo que Ele deseja para suas criaturas, sendo esse aspecto do caráter divino que toma lugar na alma humana no momento da regeneração, devendo se tornar a fonte e o alicerce do convertido.

Para isso, devemos tomar como parâmetro o caráter de Cristo. Nele, a santidade não se resumia à impecabilidade, mas, antes de tudo, caracterizava a sua total consagração à vontade e aos propósitos de Deus. Era o termo santo usado entre os cristãos até a época de Tertuliano, tendo sido depois degenerado para uma espécie de título honorífico. Mas, na igreja primitiva, identificava o caráter ético de todo crente, sendo que esse adjetivo era o que tornava o crente identificado com o caráter e os propósitos de Cristo. A santidade identifica os verdadeiros salvos[151].

A santidade caracteriza a qualidade retributiva de Deus, envolvendo o mundo em julgamento. Por causa de uma necessidade moral que existe em Deus, a vida foi de tal forma ordenada que na santidade está o bem-estar, e no pecado ou ausência de santidade está a condenação. Finalmente, a santidade de Deus irá regenerar o mundo inteiro, e não somente ele, mas o universo, pois a palavra nos afirma que haverá novos céus e nova terra[152]. Assim como no Antigo, no NT também encontramos um uso duplo para santificação, apesar dos sentidos diferentes. Nos evangelhos sinópticos, santidade está no sentido cerimonial, por exemplo, quando diz que o Templo santifica o ouro e o altar santifica a oferta[153]. Aqui, santidade encontra-se no sentido de consagração para o serviço do Senhor. Num sentido de serviço pessoal, Jesus se santifica a si mesmo para a sua obra sacrificial. Portanto, santidade vem no sentido de consagração para o serviço de Deus. Entretanto, o sentido de serviço aqui extrapola do trabalho em algum lugar, como numa dedicação ao Templo, na prática judaica, mas fala de um envolvimento pessoal e

---

[151] Apocalipse 22.11.
[152] Apocalipse 21.1.
[153] Mateus 23.17,19.

profundo, de um compromisso que compromete a vida e a existência[154]. No nível individual é esse compromisso esperado por aqueles que se intitulam filhos.

Cristo, no ato de seu sacrifício, santifica aos irmãos não apenas no sentido de estar separado para o serviço de Deus, mas também no sentido de adoração. Isso ocorre quando realiza a propiciação pelos pecados[155], ao mesmo tempo que limpa suas consciências das obras mortas[156]. Num primeiro momento, essa santificação é instantânea, pois é consequência de um sacrifício único aperfeiçoando para sempre[157]. Entretanto, há uma exortação ao crente para que ele venha crescer nessa santificação, em que santidade aqui aparece como um estado, ou seja, no sentido de permanência e aperfeiçoamento, mais do que uma posição[158].

Da mesma forma, nas epístolas de Paulo encontramos a santificação nos dois sentidos. Em alguns casos ele usa a palavra no sentido de posição conferida aos crentes repousados em Cristo, tanto no tocante à santificação como justificação. De início, ele fala da posição do crente em Cristo[159]. Também em 1 Coríntios[160], Paulo fala de uma santidade em posição, quando somente um dos cônjuges é crente. Mas também há um segundo sentido no termo santificação usado por Paulo, significando a transformação moral e espiritual do convertido, recebendo uma nova vida da parte de Deus. Entretanto, essa santificação funciona como um espelho que deve ser alvo de todo crente, sendo aperfeiçoado em Cristo na medida em que cresce na graça e no conhecimento, sendo, dessa maneira, totalmente santificado, pois a vontade de Deus é a nossa santificação[161], sendo aqui num sentido claramente moral. O Espírito Santo é quem opera a santificação do crente, mas essa ação santificante é realizada a partir de uma concepção de vida totalmente embasada no exemplo de vida de Cristo e seus Apóstolos, bem como do exercício da oração da fé,

---

[154] João 4.34; 17.19.
[155] Hebreus 12.7.
[156] Hebreus 9.13,14.
[157] Hebreus 10.10,14.
[158] Hebreus 12.14.
[159] 1 Coríntios 1.2.
[160] 1 Coríntios 7.14.
[161] 1 Tessalonicenses 4.3.

conforme visto no item anterior. E tudo isso é testificado numa vida de comunhão entre os irmãos[162]. A própria fé, operada pelo Espírito Santo, é capaz de lançar mão de recursos que sejam santificadores.

A questão da santificação foi abordada por Jesus na passagem da mulher samaritana[163]. Nessa passagem, Jesus afirma que a adoração, no sentido de reverência, deve ser realizada em espírito e verdade. Observe que, na passagem, Jesus está falando do espírito humano, ou seja, a adoração deve ser baseada num relacionamento correto, em que a nossa vontade está submetida à vontade de quem nos resgatou. Além disso, a adoração deve ser verdadeira e, para isso, precisamos conhecer o foco de nossa adoração, pois Jesus diz: "Vós adorais o que não sabeis..."[164]. E o vínculo dessa adoração é a santidade, pois não é possível se chegar a Deus, baseado na sua bondade, se não for por meio de um caráter transformado pela ação do Espírito Santo. Assim, o crente deve saber que a sua luta contra o pecado é intensa[165]. Apesar disso, devemos reconhecer que a vitória sobre o pecado não é consequência de nossos próprios esforços numa tentativa de se contrapor às nossas tendências más. A reabilitação moral, na verdade, é fruto de uma obra santificadora dentro dele. Também não se trata de uma espécie de sinergismo no qual o crente e o Espírito contribuam cada um em parte para a ação santificadora. Essa ação é atribuível tanto ao Espírito Santo quanto ao crente na dimensão da graça. Assim, o Espírito Santo opera a partir do reconhecimento da lei da verdade, seguido da resposta de amor do crente, resultando numa maturidade espiritual que é expressa no relacionamento ético para com o próximo.

Fidelidade

Essa palavra tem o sentido geral de permanência, de perseverança, firmeza de caráter e propósitos. No hebraico a palavra para fidelidade é *munah*. Esse termo é usado muitas vezes para descrever o caráter de Deus e seus atos em Deuteronômio[166]: "Ele é a Rocha cuja obra é perfeita, porque

---

[162] Efésios 5.26.
[163] João 4.23,24.
[164] João 4.22.
[165] Romanos 7 e 8.
[166] Deuteronômio 32.4.

todos os seus caminhos juízo são; Deus é a verdade, e não há nele injustiça; justo e reto é". Temos aqui, portanto, uma relação de vínculo entre os princípios já estudados e aqueles que ainda virão. Pois não é possível que uma aliança se firme, se não for embasada na fidelidade. E a fidelidade aqui é provada pela permanência e pela esperança. Temos ainda um vínculo todo especial entre fidelidade e fé, pois a permanência é nutrida no solo preparado das certezas e fundamentada na firme convicção da fidelidade de Deus para conosco. A fé, entendida como permanência, portanto, é a resposta legítima às ações e as palavras de promessas para a Igreja e seus filhos. E, ao exercermos a fé genuína, baseada no conhecimento de Deus, respondemos a Ele com a fidelidade que nos é devida pela seriedade de seu compromisso para conosco. Assim, a nossa obediência e submissão à aliança estabelecida por Ele mesmo a nós permanece na medida em que nos mantemos fiéis a Ele, pois é impossível que haja infidelidade da parte de Deus. No NT, o texto que melhor relata a fidelidade como um processo de ação é Mateus[167], quando diz: "Mas aquele que perseverar até o fim será salvo". A palavra perseverar aqui é *hupemeno* que significa suportar, passar por provas e tentações, ter coragem, sofrer pacientemente, permanecer na presença D'Ele e esperar. Em Romanos[168], Paulo nos ensina que por essa confiança temos entrada na paz com Deus por Nosso Senhor Jesus Cristo e N'Ele estamos firmes e nos gloriamos na esperança da Glória de Deus. Portanto, a fidelidade é se manter e prosseguir realizando a obra que o Senhor constituiu sobre a sua casa, para dar o sustento ao seu tempo[169]. O relato bíblico que melhor resume o vínculo entre a fé e a confiança está em Gênesis[170]: "E creu ele no Senhor, e foi-lhe imputado isto por justiça". Nessa passagem, Abraão está desesperançado, pois as suas promessas não se cumprem. Nesse momento, as promessas de Deus para a vida de Abraão são renovadas. O Senhor o leva para fora da tenda e lhe mostra as estrelas do céu e lhe diz que o número dos seus descendentes seria como elas. A palavra crer no texto em hebraico é *aman*, que é a raiz da nossa palavra amém, indicando que não somente Abraão recebeu algo como certo e seguro, mas, advindo dessa certeza, foi-lhe dado estabilidade

---

[167] Mateus 24.13.
[168] Romanos 5.1-5.
[169] Mateus 24.45.
[170] Gênesis 15.6.

e confiança, como um bebê do pai. Ao mesmo tempo, adquiriu de Deus a fidelidade e confiabilidade, como algo que se pode aguardar plenamente, pois, ao lhe ser imputado, indica que foi considerado justo diante de Deus, e isso antes de realizar as obras. O Apóstolo Paulo interpreta essa passagem do AT[171] em Romanos, no sentido de que todo aquele que é alvo das promessas de Deus receberá aquilo que lhe é colocado mediante a confiança depositada naquele que prometeu. A palavra para crer nesse texto é *pisteuo*, que significa confiar o seu próprio bem-estar à pessoa de Cristo. E essa convicção interior nos guiará no sentido de nos mantermos fiéis não somente às promessas, mas também a seus princípios e valores, no objetivo de sermos dignos das promessas. Essa convicção é muito importante no ato de salvação, pois quando uma pessoa acredita na palavra da salvação significa que a pessoa tomou a decisão de instituir a verdadeira Palavra de Deus em sua vida, comprometendo-se a fazer a Sua vontade. Interessante observar que essa atitude deve ser individual. No primeiro século, havia um entendimento entre os judeus de que os descendentes poderiam se beneficiar ou mesmo reivindicar salvação baseados na justiça de antepassados. Essa reivindicação é feita contra Jesus pelos judeus em João[172]. Havia muitos cristãos que também acreditavam nessa salvação por herança dos pais. Entretanto, Paulo enfatiza para nós que nem a confiança carnal de Abraão, se houvesse, seria válida[173]. Nesse texto, Paulo examina a natureza do mérito de Abraão, respondendo à pergunta: o que Abraão alcançou com seu próprio esforço? Mas a sua confiança foi depositada em Deus mediante as promessas, ou seja, antes que a obra fosse realizada, e isso lhe foi imputado por justiça. Assim deve agir cada indivíduo que deseja se aproximar de Deus para receber a sua salvação e se tornando herdeiro da aliança firmada por Deus com a humanidade.

Honra

A palavra honra no AT aparece constantemente no sentido de peso, que tanto pode ter um significado negativo como aborrecido ou incomodado, como um sentido positivo, como numeroso, rico ou honrado. Já no NT,

---

[171] Romanos 4.1-5.
[172] João 8.33.
[173] Romanos 4.12.

o vocábulo grego para honra é *time*, que tanto significar honra, dignidade e estima como também como valores pagos em dinheiro ou itens que sejam valiosos em termos de preço. No sentido de peso também encontramos a palavra honra ligada à questão de valores como em Provérbios[174] que diz: "Honra ao Senhor com a tua fazenda e com as primícias de toda a tua renda; e se encherão os teus celeiros abundantemente, e transbordarão de mosto os teus lagares". Entretanto, o trecho bíblico que melhor nos explica a respeito da honra é Romanos[175]: "Portanto, dai a cada um o que deveis: a quem tributo, tributo; a quem imposto, imposto; a quem temor, temor; a quem honra, honra".

Nesse versículo, vemos a questão da honra sendo bem desenvolvida. Costuma ser dito que existem três níveis de honra: aquela devida às autoridades, a devida aos pais e a honra devida a Deus. A honra devida às autoridades envolve o temor, ou seja, o respeito e o pagamento dos tributos e impostos[176]. Aos pais, essa honra é manifesta a partir do cuidado físico, emocional e financeiro dos pais. Em Marcos[177], Jesus nos diz:

> Bem invalidais o mandamento de Deus para guardardes a vossa tradição. Porque Moisés disse: Honra a teu pai e a tua mãe e: Quem maldisser o pai ou a mãe deve ser punido com a morte. Porém vós dizeis: Se um homem disser ao pai ou a mãe: Aquilo que poderias aproveitar de mim é Corbã, isto é, oferta ao Senhor, nada mais lhe deixais fazer por seu pai ou sua mãe, invalidando, assim, a palavra de Deus pela vossa tradição, que vós ordenastes.

Observe que nessa passagem a questão da honra aos pais está ligada com o compromisso de sustento deles em todos os aspectos da vida. E isso exige, da parte que honra, um sentido de responsabilidade e compromisso do sustento daqueles para os quais a palavra é dirigida. Portanto, honra sem compromisso com parte da minha renda é apenas uma simpatia pela causa, mas sem nenhum nível de compromisso pelo sustento daquela causa.

---

[174] Provérbios 3.9,10.
[175] Romanos 13.7.
[176] Mateus 22.21.
[177] Marcos 7.9-13.

O terceiro nível de honra que estamos tratando aqui é aquela devida a Deus. Observe que na passagem de Provérbios[171] existe uma proposta e uma consequência. A proposta é que Deus seja honrado, ou seja, enriquecido, honrado com o fruto do nosso trabalho e com a primeira parte de toda a nossa renda. Em consequência disso, Deus nos honrará enchendo os nossos depósitos, transbordando de alegria. Ou seja, a honra é manifestada por Deus com uma ação material que terá como resposta uma ação material. Entretanto, essa ação não pode ser realizada com esse objetivo, pois tornaria o nosso relacionamento com Deus uma relação de interesses. Na verdade, ao dispormos das nossas rendas e recursos em favor das coisas de Deus, devemos ter uma postura e intenção de amor pela obra de Deus na terra, ou seja, eu amo a Deus por aquilo que Ele é e não por aquilo que pode me proporcionar. Devemos entender, porém, que a falta de disposição em honrar a Deus com o nosso melhor nos priva de sermos honrados por Ele. Em Malaquias[178] é dito:

> O filho honrará o pai, o servo, ao seu senhor, e, se eu sou Pai, onde está a minha honra. E, se eu sou Senhor, onde está o meu temor: - diz o Senhor dos Exércitos a vós, ó sacerdotes, que desprezais o meu nome e dizeis: Em que desprezamos nós o teu nome? Ofereceis sobre o meu altar pão imundo e dizeis: Em que havemos profanado? Nisto, que dizeis: A mesa do Senhor é desprezível. Porque quando trazeis animal cego para sacrificardes, não faz mal! E, quando ofereceis o coxo e o enfermo, não faz mal! Ora, apresenta-o ao teu príncipe; terá ele agrado em ti? Ou aceitará ele a tua pessoa? - diz o Senhor dos Exércitos. Agora, pois, suplicai o favor de Deus, e ele terá piedade e nós; isto veio da vossa mão; aceitará ele a vossa pessoa? - Diz o Senhor dos Exércitos.

Nessa passagem, vemos Deus questionando o povo de Israel que apresentava oferta de qualquer qualidade. Eles agiam dessa maneira por meio de um raciocínio humano, qual seja: Deus não precisa de nada. Ele já tem tudo! Posso oferecer a Ele qualquer coisa. Porém, o que fica colocado é que essa postura é entendida por Deus como uma afronta e uma

---
[178] Malaquias 1.6-10.

desonra. E para isso estabelece algumas comparações. Primeiro compara a honra devida da parte dos filhos aos seus pais e a honra do servo ao seu senhor. E Deus pergunta, se ele é reconhecido como Pai, onde estava a sua honra? E se ele é Senhor, onde estava o respeito devido a Ele? Os sacerdotes permitiam a oferta imunda e Deus continua perguntando: se vocês fizerem isso com um de seus príncipes ele aceitará a sua pessoa? Como podemos suplicar o favor de Deus se nós o desonramos quando entregamos a nossa oferta? Ele aceitará? Observe que o princípio ativo em todas essas passagens está na liberalidade com que alguém dispõe os seus recursos a favor da obra de Deus[179]. No NT, Paulo nos ensina o princípio dessa liberalidade em 2 Coríntios[180], dizendo:

> [...] o que semeia pouco, pouco também ceifará; e o que semeia em abundância em abundância também ceifará. Cada um contribua segundo propôs no seu coração, não com tristeza ou por necessidade; porque Deus ama ao que dá com alegria. E Deus é poderoso para tornar abundante em vós toda graça, a fim de que, tendo sempre, em tudo, toda suficiência, superabundeis em toda boa obra.

A honra, portanto, está ligada à disponibilidade de ações e recursos em favor de algo. A resposta para isso, da parte de Deus, é honrar o seu servo com bens espirituais, como a santidade, os benefícios físicos, como a saúde física e mental, além de uma vida abundante em todos os aspectos de sua vida[181].

---

[179] 2 Coríntios 9.6-10.
[180] 2Coríntios 9.6-8.
[181] Salmo 128.

Princípios ativos no relacionamento entre os seres humanos e Deus

Disciplina

A palavra disciplina possui aspectos diversificados que precisam ser analisados de per si. No AT, a palavra disciplina que aparece é *musar*, que tanto pode significar repreensão e advertência como instrução, ou seja, na disciplina aparecem tanto aspectos educativos como punitivos. E para entender a extensão desses significados, precisamos analisá-los de cada vez. No AT essa palavra aparece quase exclusivamente nos livros poéticos, como Provérbios[182], em que os aspectos educativos aparecem no verso 12 e os aspectos punitivos aparecem no verso 13. Também aparece nos livros proféticos, no sentido de correção, como em Isaías[183]. Em Provérbios, a instrução e a disciplina vêm principalmente do Pai ou de uma figura paterna como um professor. No seu desenvolvimento, demonstra-se que os sábios recebem a instrução, mas os tolos a rejeitam[184]. Ao aceitar a correção, o crente recebe vida, sabedoria e o favor de Deus[185]. Entretanto, é necessário considerar que a rejeição da correção, invariavelmente, traz pobreza, vergonha e morte[186]. Fora do livro de Provérbios, a disciplina está associada diretamente à pessoa de Deus. Quando a instrução de Deus é rejeitada ela resulta em punições de vários tipos[187]. A ideia geral é de que a disciplina do Senhor não deve ser rejeitada, mas deve ser entendida como demonstração de amor por

---

[182] Provérbios 23.12,13.
[183] Isaías 26.16.
[184] Provérbios 1.7; 8.33.
[185] Provérbios 4.13.
[186] Provérbio 5.23; 13.18.
[187] Jó 36.10; Jeremias 7.28; 17.23; 32.33.

seus filhos[188]. Não devemos perder de vista que a maior prova do amor de Deus para com os seres humanos foi o fato de Jesus ter sido enviado, suportando o castigo que nos traz a paz[189].

Na teologia prática, podemos definir disciplina como sendo todos os meios pelos quais a Igreja busca a santificação de todos e a boa ordem necessária para a edificação e o crescimento numérico e espiritual. Devido aos seus aspectos educativos e punitivos, podemos dividir a disciplina como positiva e negativa. A disciplina positiva diz respeito a todo tipo de ensino realizado na Igreja, desde uma aula da escola dominical à pregação do culto, passando pela orientação dada no corredor da igreja ou mesmo num gabinete pastoral. Já a disciplina negativa inclui todo tipo de restrição, tanto as administrativas, quando um obreiro é afastado de suas funções por determinado tempo, quanto as espirituais, quando Deus toma as rédeas da disciplina de seu filho ou filha.

No NT, a ideia geral de disciplina está ligada, antes de tudo, na questão da instrução. A palavra que aparece constantemente no texto grego é *Paidéia*, no sentido de criar uma criança, educar ou instruir[190]. Entretanto, na ideia mesma dessa educação, também está inserido o conceito de disciplinar, ou seja, repreender por obras e palavras. Quando fala no sentido de punição, o texto sempre é usado por sinédoque[191], ou seja, é comparada essa exortação no sentido da repreensão do pai para com o filho, como Hebreus[192]. Entretanto, em paralelo, também é retratada uma punição da parte de Deus por meio de aflições ou calamidades[193]. Na verdade, fica claro que a instrução está relacionada com a questão do conhecimento e ensino da Palavra. O fato de muitos filhos de Deus não conhecerem a Sua vontade faz com que errem na sua caminhada, tanto de forma voluntária, quanto involuntária. Na verdade, é de se prever que grande parte dos erros que acontecem são consequências diretas de uma vida cristã sem conhecimento. Já no Profeta Oséias, é aprendido que o

---

[188] Jó 5.17; Provérbios 3.11; cf. Hebreus 12.5,6.
[189] Isaías 53.5.
[190] 2 Timóteo 2.25.
[191] Tipo de metonímia que ocorre uma relação quantitativa. No caso que estamos analisando, a palavra Deus é substituída por Pai e o crente ou servo é substituído por Filho.
[192] Hebreus 12.7,10.
[193] 1 Coríntios 11.32; Apocalipse 3.19.

povo estava sendo destruído por falta de conhecimento[194], e o termo usado tem o sentido de omissão, falta de interesse em aprender. De maneira ainda mais incisiva, Jesus repreende aos saduceus, considerados sábios, que são exortados por não conhecerem toda a escritura da sua época[195], no sentido de não terem se debruçado sobre os livros dos profetas e dos escritos[196]. Portanto, a instrução, o treinamento e a educação dos crentes, levando-os a um pleno conhecimento de Deus, fazem com que evitem muitas dificuldades. O texto do NT que melhor resume tudo o que foi escrito[197] até aqui está em 2 Timóteo[198]: "Toda Escritura, divinamente inspirada é proveitosa para ensinar, para redarguir, para corrigir, para instruir em justiça". Aqui é evidenciado que todo documento registrado nas escrituras, reconhecido como divinamente inspirado, é bom para treinar o crente nas boas condutas; argumentar contra os erros de doutrina e de ensino; para colocar no lugar aquilo que está errado, atendendo os reclames de Deus; para educar ensinando de forma sóbria e equilibrada.

Do ponto de vista da disciplina como correção, temos quatro tipos: a disciplina rigorosa é aquela que ocorre nas situações em que o nível de santidade do povo de Deus é elevado. Nesse caso, aqueles que não acompanham esse movimento transformado podem pagar um alto preço. Um exemplo desse tipo de disciplina está no texto de Atos. Nesse momento, o nível de santidade da igreja local estava elevado, pois o texto diz: "E era um o coração e a alma da multidão dos que criam, e ninguém dizia que coisa alguma do que possuía era sua própria, mas todas as coisas lhes eram comum"[199]. A consequência disso era vista no poder do testemunho entre os apóstolos. Nesse ambiente de grande santidade na igreja José, conhecido como Barnabé, vendeu uma propriedade sua e colocou todo o valor da venda aos pés dos apóstolos. Na verdade, antes, esse costume estava tomando corpo na igreja, pois o texto diz que todos os que possuíam herdades ou casas, vendendo-as, depositavam aos pés

---

[194] Oséias 4.6.
[195] Mateus 22.29.
[196] Os saduceus faziam parte da elite sacerdotal do Templo e só reconheciam como Escritura os cinco primeiros livros da Bíblia, que eles chamavam Torah.
[197] 2 Timóteo 3.14-17.
[198] 3.16.
[199] Atos 4.32-5.11.

dos apóstolos. Procure imaginar o nível de seriedade e compromisso dessa igreja. Entre os membros, havia uma preocupação com o próximo e, entre os líderes, uma preocupação genuína em administrar de forma correta os recursos que eram liberados. Nesse ambiente, um varão de nome Ananias, juntamente a sua mulher Safira, vendeu uma propriedade, mas, em vez de colocar todo o valor aos pés dos apóstolos, reteve uma parte, tendo conhecimento também sua mulher Safira. O caso aqui não foi o fato de vender e dar uma parte. Porém, entregou os recursos como se estivesse dando toda a parte. Então, Pedro[200] diz assim: "Ananias, porque encheu satanás o teu coração, para que mentisse ao Espírito Santo e retivesse parte do preço da herdade?". Na sequência, Pedro afirma que Ananias não havia mentido aos homens, mas a Deus. E imediatamente caiu morto. Em seguida, ocorre a mesma coisa com sua mulher Safira. Isso é um exemplo de disciplina rigorosa[201].

Outro tipo de disciplina no sentido de correção é a disciplina santa, que diz respeito ao zelo do nosso corpo como templo do Espírito Santo. Em 1 Coríntios[202], o Apóstolo Paulo diz assim: "Não sabeis vós que sois o templo de Deus e que o Espírito de Deus habita em vós? Se alguém destruir o templo de Deus, Deus o destruirá; porque o templo de Deus, que sois vós, é Santo." Nesse tipo de disciplina, visa-se a correção no que diz respeito à manutenção da pureza do próprio corpo como habitação do espírito de Deus. Isso fala do rompimento do compromisso do crente, qual seja, de ser nascido da água e do Espírito[203]. Essa situação ocorre quando o crente, usando da sua liberdade, escolhe caminhar segundo os desejos da carne. Em Romanos[204], Paulo faz séries advertência para os crentes, no que diz respeito a essas escolhas: "Porque a inclinação da carne é morte; mas a inclinação do Espírito é vida e paz. Porquanto a inclinação da carne é inimizade contra Deus, pois não é sujeita à lei de Deus, nem, em verdade, o pode ser. Portanto, os que estão na carne não podem agradar a Deus".

---

[200] Atos 5.3.
[201] Números 25.
[202] 3.16,17.
[203] João 3.5.
[204] 8.6-8.

Outro tipo é a disciplina relaxada. Esse é o caso das igrejas que não confrontam o pecado. Essas são as igrejas que toleram todo tipo de experiência na Igreja, não se importando com a santidade e nem possuem compromisso com a Palavra de Deus, apesar de dizerem que agem segundo ela. Na epístola de Judas[205], diz assim: "Porque se introduziram, que já antes estavam para este mesmo juízo, homens ímpios, que convertem em dissolução a graça de Deus e negam a Deus, único dominador e Senhor nosso, Jesus Cristo". A advertência em relação a essas igrejas é feita no verso seguinte: "Mas quero lembrar-vos, como a quem já uma vez soube isto, que, havendo o Senhor salvo um povo, tirando-o da terra do Egito, destruiu, depois, os que não creram". Assim, fica patenteado que a disciplina relaxada levará a consequências muito graves.

Finalmente, temos a disciplina bíblica. Esta é aquela que envolve o arrependimento. No NT, os termos arrepender-se *metanoeo* e arrependimento *metanoia* se referem a uma mudança de mente, ou seja, trata-se de uma radical mudança de pensamento, atitude e direção. Aqui, portanto, o arrependimento envolve um abandono completo do pecado e um voltar-se para Deus e seu serviço. Podemos dizer que se trata de uma rendição a Deus. Aquele que não consegue compreender esse fato básico permanecerá lutando com a sua própria consciência e errando o alvo, ainda que já seja salvo. É necessária, portanto, uma completa mudança de atitudes e valores conforme está registrado em Romanos[206]:

> Rogo-vos, pois, irmãos, pela compaixão de Deus, que apresenteis o vosso corpo em sacrifício vivo, santo e agradável a Deus, que é o vosso culto racional. E não vos conformeis com este mundo, mas transformai-vos pela renovação do vosso entendimento, para que experimenteis qual seja a boa, agradável e perfeita vontade de Deus.

Assim, a disciplina bíblica exige uma alteração voluntária do pensamento humano, sacrificando as suas paixões no altar do Senhor, para que ele trabalhe na estrutura do nosso pensamento e possamos ser verdadeiramente transformados. Dessa forma, o objetivo da disciplina,

---

[205] verso 4.
[206] 12.1,2.

realizada por Deus, mas direcionada pela igreja[207], tem como propósito produzir santidade, que manterá a paz na Casa de Deus, vindicar a honra de Jesus, demonstrando que o corpo deve agir em conformidade com a sua cabeça, sabendo que a cabeça é Cristo[208]. Quando a igreja age assim, evita que a ira de Deus caia sobre a congregação[209]. A consequência de uma vida transformada na igreja é produzir arrependimento, não somente naqueles que já se encontram, mas também naqueles que estão chegando. O hábito da santidade cria hábitos que vão moldando o nosso caráter cristão e nos aperfeiçoando em Cristo. Devemos sempre estar exortando com amor, antes que seja tarde, e alguns se percam, por nunca terem sido confrontados[210].

Obediência

O verbo obedecer no hebraico do AT é *shama*, que significa dar ouvidos a alguém. Já na septuaginta[211] e no NT o verbo grego é *hypakouo*, que significa ouvir debaixo. Nas cartas paulinas, podemos ainda identificar o verbo *eisakouo*[212], que significa ouvir dentro. Também na epístola de Tito[213] encontramos os verbos *peithomai* e *peitarcheo*, tendo a ideia de submissão à autoridade. De acordo com as escrituras, existe uma exigência da parte de Deus para que o ser humano viva segundo a revelação dada pela Palavra, tomando-a como regra de fé durante toda a sua vida. Dessa forma, podemos dizer que a obediência é um princípio bíblico que deve sempre ocorrer de forma imediata, deve vir do interior do coração do ser humano e a sua ação deve ser inteira, ou seja, atos isolados e externos em homenagem a Deus não são capazes de justificar a falta de obediência consistente no coração e na conduta[214].

---

[207] Mateus 18.18.
[208] Colossenses 1.18.
[209] Apocalipse 2.5, 16, 20-24; 3.3,19.
[210] Mateus 7.21-23.
[211] Conhecida pela sigla LXX, a Septuaginta é a tradução grega mais importante do AT e a mais influente tradução existente. Foi confeccionado por solicitação do Ptolomeu Filadelfo, rei egípcio durante o terceiro século antes de Cristo.
[212] 1 Coríntios 14.21.
[213] Tito 3.1.
[214] 1 Samuel 15.22; cf. Jeremias 7.22 ss.

Na verdade, podemos dizer que o princípio da obediência foi o primeiro a ser ensinado. Já no Eden, obediência foi a única exigência dada ao primeiro homem, dizendo: "De toda árvore do jardim comerás livremente, mas da árvore da ciência do bem e do mal, dela não comerás; porque, no dia em que dela comeres, certamente morrerá."[215] Observe que no NT, Paulo caracteriza aquilo que acontece em Gênesis 3 como desobediência: "Porque, como, pela desobediência de um só homem, muitos foram feitos pecadores, assim, pela obediência de um, muitos serão feitos justos"[216]. Isso nos faz compreender que a obediência está intimamente ligada à estrita observação aos mandamentos de Deus. Na verdade, o critério do amor a Deus está inexoravelmente ligado à observância dos seus ensinos. No evangelho de João[217], o próprio Jesus nos ensina: "Aquele que tem os meus mandamentos e os guarda, este é o que me ama; e aquele que me ama será amado do meu Pai, e eu o amarei e me manifestarei a ele." Essa palavra é tão importante que Jesus repete no verso 23, acrescentando uma promessa maravilhosa: "Se alguém me ama, guardará a minha palavra, e meu Pai o amará, e viremos para ele e faremos nele morada." O que está sendo ensinado aqui é que a obediência aos mandamentos de Deus provoca o amor de Deus por nós, a ponto de sermos referência das suas próprias ações. Mas só posso obedecer àquilo que conheço, pois como vou conhecer algo que desconheço? O próprio Jesus nos ensina em João[218]: "Examinai as escrituras, porque vós cuidais ter nelas a vida eterna, e são elas que de mim testificam." Assim, a obediência só é possível de acontecer a partir do conhecimento da vontade de Deus para a vida de seu povo. Um conhecimento apenas teórico das escrituras é ineficaz. Em Mateus[219], Jesus nos ensina:

> Todo aquele pois, que escuta estas minhas palavras e as pratica, assemelhá-lo-ei ao homem prudente, que edificou a sua casa sobre a rocha. E desceu a chuva, e correram os rios, e assopraram ventos, e combateram aquela casa, e não caiu, porque estava edificada sobre a rocha.

---

[215] Gênesis 2.16,17.
[216] Romanos 5.19.
[217] João 14.21.
[218] 5.39
[219] 7.24,25.

E na sequência[220], fala sobre aquele que ouve essas palavras, mas não pratica, dizendo: "E aquele que ouve estas minhas palavras e as não cumpre, compará-lo-ei ao homem insensato, que edificou a sua casa sobre a areia. E desceu a chuva, e correram rios, e assopraram ventos, e combateram aquela casa, e caiu, e foi grande a sua queda."

Nessas passagens, ficamos sabendo que a obediência completa envolve dois momentos, quais sejam, ouvir e praticar. O conhecimento de Deus não pode se restringir a saber um fato que não modifica os meus próprios atos. Obedecer, portanto, envolve mudança de pensamentos e valores[221]. Mudar pensamentos e valores envolve arrependimento, que é a primeira mensagem do evangelho: "Arrependei-vos, porque é chegado o reino de Deus.[222] E o arrependimento gera fé[223]. Essa fé gerada pela palavra faz nascer no crente o amor que é o vínculo da perfeição[224]. Dessa maneira, ficamos sabendo que a obediência aos mandamentos de Deus com conhecimento e prática gera fé e arrependimento.

O arrependimento na dimensão humana é algo tão fundamental que, mesmo Cristo, ao se fazer homem[225], ainda que fosse essencialmente Deus[226], por causa de sua humanidade, precisou viver sob obediência. Paulo[227] nos diz:

> De sorte que haja em vós o mesmo sentimento que houve também em Cristo Jesus, que, sendo em forma de Deus, não teve por usurpação ser igual a Deus. Mas aniquilou-se a si mesmo, tomando a forma de servo, fazendo-se semelhante aos homens; e, achado na forma de homem, humilhou-se a si mesmo, sendo obediente até a morte e morte de cruz.

Para Jesus, obedecer era sinônimo de fazer a vontade do Pai. Observe que, na tentação do deserto, ele diz[228]: "Nem só de pão viverá o

---

[220] Mateus 7.26,27.
[221] Romanos 12. 1,2.
[222] Mateus 3.2; 4.17.
[223] Romanos 10.17.
[224] Colossenses 3.14.
[225] João 1.14.
[226] João 10.30.
[227] Filipenses 2.5-8.
[228] Mateus 4.4.

homem, mas de toda a palavra que sai da boca de Deus." Após discipular a mulher samaritana, ele diz[229]: "A minha comida é fazer a vontade daquele me enviou e realizar a sua obra." Aqui podemos observar o modelo de obediência. E o interessante é que, por causa dessa humanidade, Jesus também precisou aprender a obedecer. E quando Jesus aprendeu a obedecer? No Getsêmani. Conforme nos relata Mateus[230]: "Meu Pai, se é possível, passa de mim este cálice; todavia, não seja como eu quero, mas como tu queres." E o autor de Hebreus nos diz[231]: "Ainda que era Filho, aprendeu a obediência, por aquilo que padeceu." E porque Jesus precisou aprender a obediência, sendo ele também Deus[232]? Por causa da sua humanidade. O que caracteriza a natureza humana é o seu comportamento contraditório. Nessa contradição de comportamento é que surgem as tentações. Como nos diz Tiago[233]:

> Ninguém, sendo tentado, diga: De Deus sou tentado; porque Deus não pode ser tentado pelo mal e a ninguém tenta. Mas cada um é tentado quando atraído e engodado pela sua própria concupiscência. Depois, havendo a concupiscência concebido, dá à luz o pecado; e o pecado, sendo consumado, gera a morte.

No caso de Jesus, por causa de sua natureza humana, que é contraditória, pois é essa a essência da natureza humana, até mesmo ele foi tentado. Mas, no caso dele, por causa da sua natureza divina, não pecou[234]: "Porque não temos um sumo sacerdote que não possa compadecer-se das nossas fraquezas; porém um que, como nós, em tudo foi tentado, mas sem pecado." Assim, podemos entender que era necessário Jesus experimentar as tentações, ou seja, os sentimentos contraditórios que surgem na nossa existência, mas a sua natureza divina cooperava para que não pecasse, por isso ele foi chamado de segundo Adão. Entretanto, ele nos serve como modelo, pois, assim como ele teve auxílio para vencer as tentações,

---

[229] João 4.34.
[230] 26.39b.
[231] Hebreus 5.8.
[232] João 1.1.
[233] 1.13-15.
[234] Hebreus 4.15.

aqueles que nascem da água e do Espírito têm a cooperação do Espírito Santo na obediência, conforme nos diz Paulo[235]: "E da mesma maneira também o Espírito ajuda as nossas fraquezas; porque não sabemos o que havemos de pedir como convém, mas o mesmo Espírito intercede por nós com gemidos inexprimíveis."

Assim, é possível adotarmos o modelo de obediência de Jesus, pois ele mesmo nos garante[236]: "Tenho-vos dito isso, para que em mim tenhais paz; no mundo tereis aflições, mas tende bom ânimo; eu venci o mundo." E essa aflição é o instrumento usado por Deus para nos ensinar a dar valor à sua Palavra. Por isso, o salmista diz[237]: "Antes de ser afligido, andava errado; mas agora guardo a tua palavra. Tu és bom e abençoador; ensina-me os teus estatutos."

Caráter

A palavra caráter é de origem grega *charakter*, que significa estampa, impressão ou marca. Na Grécia antiga era a primeira ferramenta usada para imprimir imagens em selos ou moedas reais. Na psicologia ou na sociologia é "um conjunto de traços psicológicos ou morais que refletem um indivíduo". O interessante aqui é que o caráter não é um aspecto inato do ser humano, mas é algo adquirido. Portanto, ele pode ser mudado. Na Bíblia, essa palavra aparece uma única vez em Hebreus[238]: "O qual, sendo o resplendor de sua glória e a expressa imagem da sua pessoa, e sustentando todas as coisas pela palavra do seu poder, havendo feito por si mesmo a purificação dos nossos pecados, assentou-se à destra da Majestade, nas alturas."

Na expressão "a expressa imagem" no original está escrito caráter. Assim, podemos traduzir: sendo o brilho da sua glória e o caráter da sua pessoa, ou seja, o autor de Hebreus nos apresenta Jesus como o caráter de Deus, a sua marca pessoal e a sua imagem perfeita. Por isso, Paulo nos escreve em Colossenses[239]: "porque nele habita corporalmente toda

---

[235] Romanos 8.26.
[236] João 16.33.
[237] Salmo 119.67,68.
[238] 1.3.
[239] 2.9.

a plenitude da divindade". Portanto, aquilo que a divindade é está plenamente expresso ou marcado em Cristo.

Sendo o caráter uma marca da alma humana, isso significa que se trata de um atributo que podemos adquirir com o aprendizado de algo que, forjando as nossas atitudes, permite-nos, com o tempo, mudar a nossa maneira de perceber a realidade. Em Provérbios[240] lemos: "Dá instrução ao sábio, e ele se fará mais sábio; ensina ao justo, e ele crescerá em entendimento". Aqui, portanto, caráter é um processo de instrução, ou seja, para cada experiência da vida temos uma maneira correta de proceder. Apesar de as aflições serem muitas, as experiências humanas não são infinitas. O que muda são as circunstâncias. Um insensato agirá sempre como um insensato, porque não tem um parâmetro correto para realizar juízos. Já o sábio, com o tempo, conhecerá os caminhos da vida, pois guardou o seu coração[241]. Na sequência do texto de Provérbios[242], aprendemos o texto áureo daquele que tem caráter: "O temor do Senhor é o princípio da sabedoria, e a ciência do Santo, a prudência". Já refletimos sobre a palavra princípio na introdução deste trabalho. Mas observe que caráter se alcança num processo de ouvir e atender. É como um pai que coloca o seu filho perto de si com o objetivo de lhe ensinar como se comportar em todos os ambientes. Como nos diz Provérbios[243]: "Filho meu, ouve a instrução de teu pai e não deixes a doutrina de tua mãe. Porque diadema de graça serão para a tua cabeça e colares para seu pescoço".

Aquele que age, recebendo de Deus a formação de seu caráter, recebe dele a sua constante misericórdia. Dessa forma, somos capacitados n'Ele naquilo que vamos aprendendo, para que não venhamos a cair pelo fardo daquilo que nos foi dado. A capacitação, portanto, ocorre na medida em que nosso caráter vai sendo formado. Um caráter formado se constitui em integridade. Nesse nível de caráter, o indivíduo age com verdade, fidelidade e honestidade. Aqui, já estamos falando de um indivíduo inteiro e sincero em todos os aspectos de sua vida. E isso é o que constitui a nossa semelhança com Deus, pois ele é o tempo todo

---

[240] 9.9.
[241] Provérbios 4.23.
[242] 9.10.
[243] 1.8,9.

íntegro[244]. Portanto, trata-se de um atributo comunicável de Deus. Na verdade, não é possível falar em santidade se antes não houver um caráter forjado em Deus. A Bíblia menciona para nós vários personagens que foram íntegros como Abel, Jó ou José. Mas certamente o maior exemplo de integridade é Jesus. O versículo bíblico que resume um caráter íntegro é Lucas[245]: "Quem é fiel no mínimo também é fiel no muito; quem é injusto no mínimo também é injusto no muito. Pois, se nas riquezas injustas não fostes fiéis, quem vos confiará as verdadeiras".

Essa passagem, apesar de suas várias interpretações, ensina-nos que a nossa fidelidade tanto é provada na escassez quanto na prosperidade. Podemos ver isso, por exemplo, na história de José. Vendido como escravo por seus próprios irmãos, isso após eles terem se reunido com a intenção de matá-lo[246]. Levado por ismaelitas[247], foi vendido como escravo a Potifar, capitão da guarda de Faraó[248]. Prosperou na sua condição de escravo, tornando-se governante na casa do seu proprietário[249]. Entretanto, a mulher de Potifar desejou deitar-se com José e começou a seduzi-lo, dizendo: "Deita-te comigo"[250]. Mas o texto bíblico nos diz que ele recusou e demonstrou para ela a natureza de sua fidelidade, dizendo em Gênesis[251]:

> Porém ele recusou e disse à mulher do seu senhor: Eis que o meu senhor não sabe do que há em casa comigo e entregou na minha mão tudo o que tem. Ninguém há maior do que eu nesta casa, e nenhuma coisa me vedou, senão a ti, porquanto tu és sua mulher; como, pois, faria eu este tamanho mal e pecaria contra Deus?

Observe que a integridade de José está o tempo todo sendo provada por Deus. A integridade apresentada por ele é consequência do

---
[244] Deuteronômio 32.4.
[245] 16.10,11.
[246] Gênesis 37.18.
[247] Gênesis 37.27.
[248] Gênesis 37.36.
[249] Gênesis 39.5.
[250] Gênesis 39.7.
[251] 39.8,9.

seu caráter, aprendendo com o seu pai, Jacó sobre o Deus que havia abençoado a sua casa. Baseado nessas promessas, José decide se manter inteiro, com o objetivo de dar sempre bom testemunho do Deus que o havia chamado, juntamente à sua casa. Entretanto, a integridade de José nos mostra que não estamos livres das dificuldades e traições na vida. Mas, ao contrário, essas são usadas para capacitar cada vez mais o nosso caráter, aperfeiçoando as nossas atitudes em integridade. Tanto é assim que, na sequência do texto, aquela mulher resolve montar uma cena para obrigar José a se deitar com ela. Certa manhã, ao chegar para os seus trabalhos normais, José se depara com uma casa vazia[252]. Então, ela tenta agarrá-lo pela roupa, que acaba ficando na mão dela e servindo de falsa prova contra a idoneidade de José. Veja que viver em integridade faz com que experimentemos diversos desafios, que são permitidos por Deus, para que expressemos a firmeza da nossa decisão de nos mantermos corretos. Por causa disso, José foi entregue por Potifar à prisão do rei. Porém, mesmo na prisão, José continuou a prosperar, estendendo sobre ele a sua benignidade[253]. Perceba que, aos que são íntegros, forjados no seu caráter, Deus não os abandona, não significando com isso que não passarão por dificuldades, mas mostrando que, quando temos integridade em Deus, Ele nos livra no meio das nossas tribulações. Já contamos toda a história de José no capítulo sobre Aliança, mas gostaria de deixar registradas as palavras de José quando há concerto entre ele e os irmão, já na condição de governador do Egito, em Gênesis[254]:

> Agora, pois, não vos entristeçais, nem vos pese aos vossos olhos por me haverdes vendido para cá; porque, para conservação da vida, Deus me enviou diante da vossa face... Assim, não fostes vós que me enviaste para cá, senão Deus, que me tem posto por pai de Faraó, e por senhor de toda a sua casa, e como regente em toda a terra do Egito.

Aqui, aprendemos algo a mais a respeito de integridade. E isso só perceberemos no final do processo. Veremos que, em todo o tempo, Deus estava controlando todas as coisas, até aquelas que reputamos por mais

---

[252] Gênesis 39.11.
[253] Gênesis 39.21.
[254] 45.8.

absurdas. E no fim vem o grande teste. Será que, em vista disso, seremos capazes de perdoar aqueles que nos machucaram durante a caminhada? Uma das coisas mais incríveis que aprendemos na história de José é que Deus usou o sentimento contrário dos seus irmãos em relação a ele, usou a animosidade existente num lar marcado pela competição e discórdia para, a partir desse solo manchado, construir não somente o livramento de toda aquela casa, mas preparar um lugar em que aquele povo pudesse crescer e prosperar, até que chegasse o momento da retirada. Mas José reconheceu a mão de Deus o tempo todo na sua vida, não se sentindo abandonado, mas cuidado por Ele em todas as suas lutas. Verdadeiramente, um caráter forjado no meio de lutas, que são as batalhas da vida, funciona como uma fornalha que, como o ferro, vai temperando as nossas emoções e desejos, compreensões e expectativas, até que se forme um caráter inteiro, alcançando assim um aspecto de integridade. A integridade é algo que nos protege das adversidades externas, porque o nosso coração é guardado[255], a nossa confiança em Deus permanece e Ele nos fortificará e cuidará de nós em toda a nossa caminhada.

Mordomia

No Antigo Testamento a palavra mordomia não aparece. Entretanto, existem exemplos de mordomos concretos que serviam na casa dos seus senhores. Temos o mordomo de Abraão, cujo nome é Eliézer, que teve a responsabilidade de escolher uma esposa para Isaque[256]. Também aparece José como mordomo na casa de Potifar[257]. Apesar de haver os levitas que serviam no Templo, a ideia aqui é que a casa de Deus era local de adoração e caberia às turmas preparar aquele lugar para esse ofício. Lógico que aqui também estava implícita a ideia de mordomia, mas a visão que prevalecia era de que isso se tratava de serviço ao rei de Israel, sendo este a fonte de bênçãos para a nação, ou seja, o serviço a Deus era feito em nome do rei. Tanto assim que o que marcava cada

---

[255] Filipenses 4.7.
[256] Gênesis 24.2.
[257] Gênesis 39.4.

rei que subia ao trono era a qualidade desse serviço feito durante o seu reinado. Por exemplo[258]:

> E Asa fez o que era reto aos olhos do Senhor, como Davi, seu pai, porque tirou da terra os rapazes escandalosos, e tirou todos os ídolos que seus pais fizeram, e até Maaca, sua mãe, removeu para que não fosse rainha, porquanto tinha feito um horrível ídolo a Aserá; também Asa desfez o seu ídolo horrível e o queimou junto ao ribeiro de Cedrom. Os altos, porém, se não tiraram; todavia, foi o coração de Asa reto para com o Senhor todos os dias.

Assim, o Templo de Jerusalém funcionava como uma espécie de capela real. Portanto, havia implícita a ideia de uma propriedade real. Todos esses relatos nos servem para desenvolver o conceito de mordomia no Novo Testamento. Aqui, o conceito de mordomia está ligado ao administrador que cuida de algo que não lhe pertence. É algo que nos é dado para cuidarmos, tanto no campo material quanto no espiritual, e que certamente prestaremos conta disso no tempo devido. Portanto, quando se trata da mordomia cristã, a compreensão correta é que se trata do serviço prestado a Deus nas suas diferentes esferas e alcances. Está no papel de mordomo tanto o Pastor responsável pela congregação, que cuida das pessoas confiadas por Deus para que cuide, console e trate, quanto cada crente de forma individual, no exercício dos dons ou carismas recebidos da parte do Espírito Santo.

No grego, a palavra para mordomia é *oikonomos* que significa regra da casa. Isso não significa que cada lugar onde tem uma comunidade em nome de Cristo ela tenha liberdade de colocar as normas que desejar, pois existem certos critérios para que a presença de Cristo se estabeleça. Por exemplo, em 1 Coríntios[259], Paulo nos adverte:

> Segundo a graça de Deus que me foi dada, pus eu, como sábio arquiteto, o fundamento, e outro edifica sobre ele; mas veja cada um como edifica sobre ele. Porque ninguém pode pôr outro fundamento, além do que está posto, o qual é Jesus Cristo.

---

[258] 1 Reis 15.11-15.
[259] 3.10-15.

E, se alguém sobre este fundamento formar um edifício de ouro, prata, pedras preciosas, madeira, feno, palha, a obra de cada um se manifestará; na verdade, o Dia a declarará, porque pelo fogo será descoberta; e o fogo provará qual seja a obra de cada um. Se a obra que alguém edificou nessa parte permanecer, esse receberá galardão. Se a obra de alguém se queimar, sofrerá detrimento; mas o tal será salvo, todavia como pelo fogo.

Vemos aqui claramente que não podemos pôr outro fundamento que não seja Cristo. E como podemos saber se o fundamento da minha igreja está correto? O fundamento de Cristo é a doutrina dos apóstolos e dos profetas registrados nas escrituras[260]. Nele, o edifício ficará bem ajustado e assim cresce para se tornar templo santo no Senhor. Nesse processo espiritual, cada um dos crentes também é, juntamente, edificado, transformando-se em morada de Deus no Espírito. Os mordomos, pela palavra, são chamados de edificadores ou cooperadores[261]. A responsabilidade pela edificação, que é a nossa mordomia, é de quem recebe o chamado de trabalhar na obra do Senhor, ou seja, todos[262]. E esse processo de mordomia, no ato mesmo de edificar, a palavra chama de obras. E assim existem diferentes qualidades de obras. Elas podem ser inconsistentes, mortas, más e boas.

As obras inconsistentes são aquelas realizadas com o objetivo de destacar as ações humanas, o talento humano ou o esforço pessoal. Essas são as obras de madeira. Com esse material, podemos construir belos edifícios, que agradam a vista e provocam elogios ao seu construtor, mas, quando combatidos pelo fogo, não são capazes de resistir. E toda a sua beleza se desvanece. São obras aparentes; parecem ser de Deus, parecem agradáveis a Deus, mas, na verdade, são feitas para trazer a glória para o ser humano e, portanto, não têm nenhum valor. As obras mortas são aquelas realizadas sem uma conversão genuína. Em Hebreus[263], o autor nos diz: "... deixando os rudimentos da doutrina de Cristo, prossigamos

---

[260] Efésios 2.20-22.
[261] 1 Coríntios 3.9.
[262] Mateus 28.19,20.
[263] 6.1.

até a perfeição, não lançando de novo o fundamento do arrependimento de obras mortas e de fé em Deus." O autor de Hebreus nos informa que seguir a Cristo exige uma busca de maturidade em vez de retornar para os conceitos básicos do cristianismo como a fé na palavra para salvação. O objetivo aqui é que o crente prossiga até a perfeição e, portanto, se trata de uma fé dinâmica. Toda liturgia criada que se afasta da doutrina viva dos apóstolos são obras mortas. Outra característica das obras mortas são aquelas incapazes de mudar, cuja mentalidade exige que sejam feitas sempre do mesmo jeito, mesmo que os fatos exijam uma evolução de atitudes também são obras mortas, pois não estão cumprindo o seu papel. Para nos libertar dessas obras, é necessário ser purificado pelo sangue de Cristo, com o objetivo de servir ao Deus vivo[264].

As obras más são aquelas que envolvem desobediência, rebeldia e contenda. Em 1 João[265] lemos: "Não como Caim, que era do maligno e matou o seu irmão. E por que causa o matou? Porque as suas obras eram más, e as de seu irmão, justas". Portanto, obras más são feitas por pessoas que não tiveram um verdadeiro encontro com Jesus. Na verdade, ainda nem sabem o que é isso. Esses estão dominados pela carnalidade e não compreendem as coisas de Deus. Antes de falarmos das boas obras, podemos definir essas obras em dois tipos de mordomias em Mateus[266]:

> Quem é, pois, o servo fiel e prudente, que o Senhor constituiu sobre a sua casa, para dar sustento ao seu tempo? Bem-aventurado aquele servo que o Senhor, quando vier, achar servindo assim. Em verdade vos digo que o porá sobre todos os seus bens. Porém, se aquele mau servo disser consigo: O meu senhor tarde virá, e começar a espancar os seus conservos, e a comer, e a beber com os bêbados, virá o senhor daquele servo num dia em que não o espera e à hora em que ele não sabe, e separá-lo-á, e destinará a sua parte com os hipócritas; ali haverá pranto e ranger de dentes.

---
[264] Hebreus 9.14.
[265] 3.12.
[266] 24.45-51.

Essa passagem nos mostra claramente que existem dois tipos básicos de servos ou mordomos. No primeiro, temos o servo fiel e prudente, ou seja, é aquele que permanece na sua fidelidade, mantendo-se na perseverança e obediência dos atos que agradam a Deus. Também esse servo é prudente, pois age na proporção e na medida em que as coisas se apresentam. Já o mau servo trata os seus conservos de acordo com os seus próprios interesses. São aqueles que não têm compromisso com as obras verdadeiras. Observe pelo contexto que esse mau servo já teve um período de produtividade. Mas as lutas, as perseguições e os desejos da vida fizeram com que mudasse a sua disposição. Nada disso justifica a perda de foco. E, na verdade, quando isso acontece, é porque, de verdade, esse tal nunca foi convertido. Ainda que houvesse uma aparência de santidade, o seu íntimo já estava corrompido.

Já as boas obras partem da consciência de que fomos escolhidos por Cristo, tendo sido nomeados para produzir frutos que permanecem[267]. O trabalho cristão é uma imitação do próprio Deus, que trabalha[268] até agora a favor daqueles que nele esperam[269]. A estes, as suas obras são conhecidas de todos, pois por meio dos seus atos, Deus é revelado[270]. Dessa forma, temos condições de sermos firmes e constantes e abundantes no exercício da obra, tendo sempre a certeza de que o nosso trabalho não perderá os seus propósitos[271]. O mais interessante de tudo isso é que, ao realizarmos as boas obras, mostramos que somos feitos à semelhança de Deus e tudo que realizamos já havia sido preparado para que pudéssemos andar nelas. Ou seja, aquele que se enquadra nas boas obras cumpre a sua chamada e os propósitos eternos de Deus na sua vida, recebendo, no fim da sua caminhada, a seguinte palavra[272]: "Bem está, bom e fiel servo. Sobre o pouco foste fiel, sobre muito te colocarei; entra no gozo do teu senhor."

---

[267] João 15.16.
[268] João 5.17.
[269] Isaías 64.4.
[270] João 3.21.
[271] 1 Coríntios 15.58.
[272] Mateus 25.23.

Semear e colher

A lei da semeadura está intimamente ligada à colheita. Na verdade, apesar de se tratar de dois processos, estamos falando de dois lados de uma mesma moeda. Só que aqui, semear é a causa do processo, enquanto colher é a consequência. O princípio da semeadura foi estabelecido por Deus em Gênesis[273], quando Deus ordena que a terra produza erva que dê semente e árvore frutífera que dê fruto, segundo a sua espécie, tendo semente nela sobre a terra. Apesar de aqui estar sendo citado um ato da criação e, portanto, Deus estar falando concretamente de ervas e árvores, o significado da semente como unidade de reprodução encontra diversas expressões de significados espirituais no Novo Testamento. O principal deles se encontra em Gálatas[274], que diz:

> Não erreis: Deus não se deixa escarnecer; porque tudo o que o homem semear, isso também ceifará. Porque o que semeia na sua carne da carne ceifará corrupção; mas o que semeia no Espírito do Espírito ceifará a vida eterna. E não nos cansemos de fazer o bem, porque a seu tempo ceifaremos, se não houvermos desfalecido.

O segredo dessa lei é que ela dita o destino do ser humano. A vida, em todas as suas circunstâncias, é construída de tal maneira que só podemos retirar dela aquilo que colocamos. O próprio Jesus explica como funciona esse processo em Marcos[275]:

> E dizia: O Reino de Deus é assim como se um homem lançasse semente à terra, e dormisse, e se levantasse de noite ou de dia, e a semente brotasse e crescesse, não sabendo ele como. Porque a terra por si mesma frutifica; primeiro, a erva, depois, a espiga, e, por último, o grão cheio na espiga. E, quando já o fruto se mostra, mete-lhe logo a foice, porque está chegada a ceifa.

---

[273] Gênesis 1.11,12.
[274] Gálatas 6.7-9.
[275] Marcos 4.26-29.

Apesar de o significado básico dessa parábola ser o contexto da evangelização, podemos aplicá-la como um paralelismo com a vida humana. Observe que ali é o homem quem lança semente à terra. Portanto, estamos falando de uma decisão humana, o que confirma a passagem de gálatas. O dormir fala da atenção do ser humano às coisas do cotidiano, às suas necessidades imediatas, o viver a vida como ela se apresenta. Entretanto, uma semente foi semeada. A questão aqui é que a maneira como essa semente cresce é totalmente independente do controle ou da vontade humana, por isso Jesus diz no verso 27: "e se levantasse de noite ou de dia, e a semente brotasse e crescesse, não sabendo ele como". Ou seja, as consequências das nossas decisões começam a dar sinais na nossa vida, sem que possamos controlar o processo por inteiro.

Mas, nesse ponto, Jesus esclarece o segredo desse crescimento no verso 28: "Porque a terra por si mesma frutifica; primeiro, a erva, depois, a espiga, e, por último, o grão cheio na espiga". Terra representa o lado psíquico do ser humano que, teologicamente, fica localizado no coração[276]. Portanto, o que Jesus está nos dizendo nessa parábola é que as disposições, pensamentos e atitudes fazem prosperar as consequências dos nossos atos. E na sequência, ficamos sabendo que, quando os frutos dos nossos atos estão maduros, o resultado deles aparece de forma imediata. Todas essas coisas ocorrem tanto para perda como para ganho. Assim, a questão é saber que tipo de semente estamos semeando. Seguindo o pensamento de Paulo, qual a diferença entre semear na carne e semear no Espírito? Isso é uma questão das escolhas que fazemos. Provérbios[277] nos diz: "Alguns há que espalham, e ainda se lhes acrescenta mais; e outros, que retêm mais do que o justo, este o faz para sua própria perda". Ainda em Provérbios[278] nos diz: "O que semear a perversidade segará males; e a vara da sua indignação falhará". Ainda em Oseias[279] se diz: "Porque semearam ventos e segarão tormentas; não há seara; a erva não dará farinha; se a der, tragá-la-ão os estrangeiros".

---

[276] Terra como figura de coração aparece na parábola do semeador, que é a primeira parábola contada por Jesus no capítulo 4 de Marcos. No versículo 15, explicando o significado dessa parábola para os seus discípulos, ao falar da semente lançada no caminho, Jesus diz: "vem logo Satanás e tira a palavra que foi semeada no **coração** deles."

[277] 11.24.

[278] 22.8

[279] 8.7.

Ficamos sabendo aqui que as consequências das nossas escolhas são ditadas pela lei da semeadura. Assim, devemos ter sempre em mente que a semeadura é opcional, ou seja, eu planto o que quero, mas a colheita é obrigatória, não tendo, nessa fase, direito de escolha. Entretanto, não somente a qualidade das nossas ações, mas também a quantidade daquilo que se faz influencia essas consequências. Assim, aplicando um paralelo ao que disse Paulo em 2 Coríntios[280]: "o que semeia pouco, pouco também ceifará; e o que semeia em abundância em abundância também ceifará", podemos dizer que o grau de perda ou ganho do fruto das nossas escolhas também depende da intensidade ou quantidade que colocamos nos nossos propósitos. Observe que essa lei funciona, na mesma proporção, tanto para o que semeia na carne quanto ao que semeia em vida eterna. Essa é a justiça de Deus.

Podemos entender a lei da semeadura e colheita como a lei da escolha. Jesus nos mostra essa lei em Mateus[281]:

> Entrai pela porta estreita, porque larga é a porta, e espaçoso, o caminho que conduz a perdição, e muitos são os que entram por ela. E porque estreita é a porta, e apertado, o caminho que leva à vida, e poucos há que a encontrem.

Nessa passagem, ele nos diz que há sempre duas escolhas, a primeira ele chama de porta larga e o seu destino é a perdição. Infelizmente, Jesus nos alerta para o fato de que muitos adentram por ela. Mas ele também nos apresenta a porta estreita e nos aconselha a entrar por ela, porque ela leva à vida. Mas como essa escolha no início parece difícil, porque exige que eu negue a mim mesmo[282], mude os meus valores, renovando o seu entendimento[283], poucos conseguem encontrá-la. Entretanto, existe um ponto inicial, em que todos podemos começar, que diz[284]: "Portanto, tudo o que vós quereis que os homens vos façam, fazei-lho também vós, porque esta é a lei e os profetas".

---

[280] 9.6.
[281] 7.13,14.
[282] Mateus 16.24.
[283] Romanos 12.2.
[284] Mateus 7.12.

Gratidão

Trata-se de uma postura espiritual em relação aos fatos da vida que, na verdade, demonstram a qualidade da nossa caminhada cristã no que diz respeito aos outros princípios tratados neste trabalho. A natureza humana não é grata, portanto, a gratidão é uma expressão da nossa conversão em Cristo.

O contrário disso é a ingratidão. Essa é gerada, normalmente, pela insatisfação ou pelo sentimento de que alguém apenas cumpriu a sua obrigação. Toda forma de ingratidão gera indignação, que se for continuada, acaba por fechar o coração para novas experiências com Deus, demonstrando o verdadeiro caráter cristão do ingrato, ou seja, a sua incapacidade de caminhar segundo os princípios aqui apresentados. O fato da ingratidão é o esquecimento. Nesse ponto, descobrimos que até Deus, na sua soberania e autossuficiência, é capaz de ser grato às suas criaturas, quando se dedicam aos seus propósitos. Assim nos diz o autor de Hebreus[285]: "Porque Deus não é injusto para se esquecer da vossa obra e do trabalho de amor que, para com o seu nome, mostraste, enquanto servistes aos santos e ainda servis".

A questão é que este mundo jaz no pecado[286]. Por isso, há sofrimento, e os seres humanos continuamente são desafiados na sua sobrevivência, pois preferiram a criatura ao criador[287]. Mas Deus, que nos escolheu e nos entregou ao Filho para sermos ressuscitados no último Dia[288], garante-nos que quem vai ao seu Filho não terá fome e nem terá sede[289]. Isso significa que naquilo que for necessário à nossa sobrevivência física e espiritual seremos saciados[290]. Assim, ficamos sabendo que mesmo diante do caos da vida, Deus tem cuidado de cada um de nós, e por isso devemos ser gratos[291].

---

[285] 6.10.
[286] 1 João 5.19.
[287] Romanos 1.21.
[288] João 6.37.
[289] João 6.35.
[290] Mateus 6.25.
[291] João 3.16.

Em Lucas[292], ficamos sabendo de dez leprosos, quando Jesus seguia para Jerusalém passando pelo meio de Samaria vindo da Galileia. Passando por uma aldeia, foram ao seu encontro dez leprosos que falaram com ele ao longe e disseram: "Jesus, Mestre, tem misericórdia de nós!"[293] Jesus lhes responde que caminhem até o sacerdote e se apresentem a ele. Observe que aqueles dez homens também foram desafiados na sua fé, pois, ao iniciar a caminhada, nenhum deles estava já curado. No meio do caminho, indo em direção ao sacerdote, a cura se demonstra para aqueles homens. Entretanto, somente um deles, vendo que estava são, retornou aonde Jesus estava para agradecer. E glorificou ao Senhor em alta voz, caiu aos pés de Jesus, com o rosto em terra, dando graças. E esse era samaritano. Então, Jesus diz: "Não foram dez os limpos. E onde estão os nove? Não houve quem voltasse para dar glória a Deus, senão este estrangeiro?"[294]

Observe como se desenvolve um ato de gratidão. Aquele único homem, estrangeiro, ou seja, não reconhecido pela elite religiosa de Israel, voltou para agradecer ao favor imerecido. Interessante que isso não significa que os outros também não estivessem agradecidos pelo que lhes ocorrera. Certamente que, ao chegarem diante do sacerdote, também glorificaram a Deus e certamente que ofereceram os holocaustos de cura[295], o que glorificava a Deus, pois era um mandamento. Entretanto, o instrumento usado por Deus para a cura foi desprezado. Por isso, diz-se que aquele único homem voltou com ações de graças[296], ou seja, em atitude de agradecimento. Portanto, aprendemos algo fundamental no agradecimento, que se trata de algo que deve ser demonstrado ao instrumento usado por Deus, pois, por meio de seus instrumentos, Deus revela a sua misericórdia.

A gratidão não é um mero pensamento de satisfação e nem apenas uma alegria interior, mas deve ser uma atitude de reconhecimento de que, se não houvesse a intercessão de quem se colocou, não seria possível

---

[292] 17.11-19.
[293] Lucas 17.13.
[294] Lucas 17.17,18.
[295] Levítico 14.1-32.
[296] Lucas 17.16.

alcançar o milagre. Assim como a fé se revela pelas obras em Deus[297], a gratidão não se mostra por palavras, mas por ações. A gratidão ajuda a não esquecer aquilo que recebemos e isso mantém a nossa fé por meio da memória. Na verdade, a gratidão é exercitada pela memória. A gratidão é o combustível da fé. É muito difícil encontrar forças para encarar o presente e crer no futuro, se não conseguirmos agradecer o que houve no passado[298].

Observe que, na ceia do Senhor, retratada em 1 Coríntios[299], Jesus termina dizendo: "fazei isto em memória de mim." Ou seja, o ato da ceia nada mais é do que um ato de gratidão da Igreja pelo fato de Cristo ter se despojado da sua glória, na qual vivia eternamente com o Pai, ter assumido a natureza humana caída e se humilhado, sendo ele exaltado eternamente, para que todo aquele que nele crê não pereça, mas tenha a vida eterna[300], ou seja, esse é um ato de ações de graças pelo qual demonstramos a Deus a nossa gratidão por termos sido reconciliados com Deus por intermédio do seu sangue[301].

Talvez o evento neotestamentário que melhor traduza o ato de gratidão esteja em João[302]. Faltavam seis dias para a crucificação de Jesus. Era um sábado à noite. Na contagem de dias dos judeus, o primeiro dia da semana. Jesus e seus discípulos foram convidados a jantar na casa de um homem chamado Simão, o leproso[303]. O fato importante é quem estava sentado à mesa, junto aos convidados e a Jesus, era Lázaro, aquele que tinha sido ressuscitado no quarto dia[304]. O texto de João nos informa que Marta ajudava a servir[305]. Maria, irmã de Marta e Lázaro[306], chega no ambiente. Com ela estava um frasco de uma libra[307] de nardo

---

[297] Tiago 2.26.
[298] Salmo 103.2.
[299] 11.24,25.
[300] Filipenses 2.5-8.
[301] Efésios 2.16.
[302] 12.1-11.
[303] Marcos 14.3; *cf.* Mateus 26.6.
[304] João 11.17.
[305] João 12.2; *cf.* Lucas 10.38-42.
[306] João 11.5.
[307] Libra é uma unidade de peso que equivale a 453,59 gramas.

puro[308] que, segundo alguns valia mais de 300 dinheiros[309], o que era equivalente ao salário de um ano de trabalho braçal. Pois Maria quebrou o vaso e derramou o seu conteúdo sobre a cabeça[310]. Depois, prostrou-se, derramando nos pés de Jesus o que sobrara[311] e enxugando com os seus cabelos. Toda aquela casa ficou cheia do cheiro do perfume.

O que está por trás dessa história? Primeiro, um coração adorador que sentia prazer de aprender com Jesus. Marta e Maria aparecem pela primeira vez em Lucas[312], quando Maria estava aos pés de Jesus, ouvindo o seu ensinamento. Depois, em João[313], a mesma Maria se põe aos pés de Jesus. O fato era que, com a morte de seu irmão Lázaro, ficariam apenas as irmãs Marta e Maria. Na sociedade patriarcal em que elas viviam, uma mulher só em idade de ter filhos era malvista pelos judeus. Além disso, duas mulheres sozinhas estavam sempre sob uma situação delicada e acessíveis a homens inescrupulosos. Portanto, o fato de Jesus ser sempre solícito às necessidades da sua família, sem contar o fato do milagre, que aconteceu no quarto dia. O que significa isso? Na tradição judaica, um morto só poderia ser ressuscitado por um profeta até o terceiro dia de sua morte, depois disso, só Deus poderia realizar esse milagre. Portanto, a morte e ressurreição de Lázaro foi para a glória de Deus[314]. O fato da demonstração de Jesus como Deus é que fez as autoridades judaicas decidirem pela sua morte[315]. Assim, o ato de Maria indica uma disposição em agradecer a Jesus, reconhecendo plenamente a sua divindade, a sua bondade e o desejo de sempre cuidar daqueles que ele ama. E como ela realiza esse agradecimento? Por meio de uma atitude. Ela toma aquilo que lhe era mais caro, pois, certamente, uma jovem solteira se preparava para o seu casamento e, provavelmente, esse perfume estava preparado para

---

[308] Trata-se de uma essência dotada de raízes muito perfumadas. Ocorre no norte da Índia, na região do Himalaia, onde até hoje é usada para perfumar cabelos. Nos tempos bíblicos, o nardo era importado em recipientes selados de alabastro. Já o alabastro trata-se de uma garrafa de gargalo comprido usado para guardar perfume. O gargalo era partido quando o conteúdo era usado.
[309] Marcos 14.5.
[310] Marcos 14.3.
[311] João 12.3.
[312] 10.38-42.
[313] 11.32.
[314] João 11.4.
[315] João 11.53.

as suas núpcias, mas ela toma aquela garrafa com um perfume caríssimo, solta os seus cabelos, o que é um escândalo para uma mulher, soltar os seus cabelos na presença de outros homens e, sem nenhum constrangimento pessoal, derrama aquele conteúdo raro, sobre a cabeça de Jesus, como demonstração de carinho e agradecimento. Depois, em atitude de adoração, prostra-se aos seus pés. Certamente uma parte daquele óleo ainda sobrara na garrafa, ela derrama sobre os pés dele e enxuga com os seus cabelos soltos. Aquilo que era um ato sagrado de plena comunhão com Deus se torna escândalo para aqueles que assistiam. Apesar de João indicar a indignação apenas de Judas para revelar a sua verdadeira intenção, que era roubar parte da oferta[316], tanto Mateus quanto Marcos indicam que vários discípulos se indignaram com o que havia sido feito[317]. Ser grato a Deus, por gestos ou palavras, causa indignação até entre discípulos, porque ainda estão vivendo em ingratidão. Na sequência, Jesus mostra que a gratidão se manifesta no mundo material, mas tem significados profundos no mundo espiritual, porque diz: "Deixai-a; para o dia da minha sepultura guardou isto"[318]. E nesse ato de fé e gratidão, muitos creram em Jesus[319], mesmo com a oposição de alguns.

Assim, devemos aprender que a gratidão é a memória da salvação. Aquele que é grato a Deus lembra-se de todos os benefícios que tem recebido dele e manifesta isso em atitudes concretas, realizando, com aquilo que lhe é dado, o melhor para Ele, ainda que haja oposição daqueles que pensam que conhecem a Deus. Assim, gratidão não se resume a palavras vazias em boca poética, mas são atitudes e palavras em atos proféticos.

---

[316] João 12.6.
[317] Mateus 26.8; Marcos 14.4.
[318] João 12.7.
[319] João 12.11.

Conclusão

O Salmo[320] nos diz: "Como um pai se compadece de seus filhos, assim o Senhor se compadece daqueles que o temem". À luz do que foi dito na introdução, temer ao Senhor é uma disposição positiva daqueles que pretendem caminhar segundo os seus eternos princípios. Nesse sentido, temer ao Senhor significa agir com reverência aos seus eternos propósitos, confiando que todos os pensamentos de Deus para nós são de paz. E ainda no mesmo Salmo nos diz[321], diz-nos:

> Mas a misericórdia do Senhor é de eternidade a eternidade sobre aqueles que o temem, e a sua justiça sobre os filhos dos filhos; sobre aqueles que guardam o seu concerto, e sobre os que se lembram dos seus mandamentos para os cumprirem.

Nessa passagem, o salmista Davi nos informa sobre como devemos demonstrar a nossa reverência, sendo isso lido como temor ao Senhor. Primeiro o salmista nos lembra de que a misericórdia de Deus é um aspecto dos seus atributos, portanto Ele sempre se lembra das nossas fragilidades[322]. Assim, a reação de Deus para conosco não permite que conserve a sua repreensão para sempre[323]. Entretanto, o salmo nos lembra de que essa atitude positiva de Deus é derramada sobre aqueles que o temem, ou seja, que andam segundo as predisposições dadas nos princípios eternos em reverência ao seu eterno poder. Como consequência disso, os que o temem se lembrarão de forma natural dos seus mandamentos e, consequentemente, andarão em obediência à sua vontade.

Dessa forma, que os ensinos escritos nestas páginas sirvam, para cada um de nós, como inspiração para caminharmos em verdadeira novidade de vida, conforme nos informa o Apóstolo Paulo em Romanos[324]: "De sorte que fomos sepultados com ele pelo batismo na morte;

---

[320] 103.13.
[321] 103.17,18.
[322] Salmo 103.14.
[323] Salmo 103.9.
[324] 6.4.

para que, como Cristo ressuscitou dos mortos pela glória do Pai, assim andemos nós também em novidade de vida". Que esse propósito nos motive a caminhar cada vez mais na presença de Deus.

Referências

BÍBLIA, A.T. 1 Reis. Português. *In*: BÍBLIA de Estudo Palavras-Chave. Tradução Almeida Revista e Corrigida. 4. ed. Rio de Janeiro: Editora CPAD, 2012. p. 392; 401; 402; 408; 410.

BÍBLIA, A.T. 1 Samuel. Português. *In*: BÍBLIA de Estudo Palavras--Chave. Tradução Almeida Revista e Corrigida. 4. ed. Rio de Janeiro: Editora CPAD, 2012. p. 333.

BÍBLIA, A.T. 2 Samuel. Português. *In*: BÍBLIA de Estudo Palavras--Chave. Tradução Almeida Revista e Corrigida. 4. ed. Rio de Janeiro: Editora CPAD, 2012. p. 381.

BÍBLIA, A.T. Deuteronômio. Português. *In*: BÍBLIA de Estudo Palavras-Chave. Tradução Almeida Revista e Corrigida. 4. ed. Rio de Janeiro: Editora CPAD, 2012. p. 245.

BÍBLIA, A.T. Êxodo. Português. *In*: BÍBLIA de Estudo Palavras-Chave. Tradução Almeida Revista e Corrigida. 4. ed. Rio de Janeiro: Editora CPAD, 2012. p. 91;92.

BÍBLIA, A.T. Gênesis. Português. *In*: BÍBLIA de Estudo Palavras-Chave. Tradução Almeida Revista e Corrigida. 4. ed. Rio de Janeiro: Editora CPAD, 2012. p. 4; 5; 15; 19; 20; 22; 32; 40; 46; 47; 53; 60.

BÍBLIA, A.T. Isaías. Português. *In*: BÍBLIA de Estudo Palavras-Chave. Tradução Almeida Revista e Corrigida. 4. ed. Rio de Janeiro: Editora CPAD, 2012. p. 719; 730; 740; 764; 772.

BÍBLIA, A.T. Jeremias. Português. *In*: BÍBLIA de Estudo Palavras--Chave. Tradução Almeida Revista e Corrigida. 4. ed. Rio de Janeiro: Editora CPAD, 2012. p. 784; 794; 813.

BÍBLIA, A.T. Jó. Português. *In*: BÍBLIA de Estudo Palavras-Chave. Tradução Almeida Revista e Corrigida. 4. ed. Rio de Janeiro: Editora CPAD, 2012. p. 567; 590.

BÍBLIA, A.T. Josué. Português. *In*: BÍBLIA de Estudo Palavras-Chave. Tradução Almeida Revista e Corrigida. 4. ed. Rio de Janeiro: Editora CPAD, 2012. p. 257.

BÍBLIA, A.T. Lamentações. Português. *In*: BÍBLIA de Estudo Palavras-Chave. Tradução Almeida Revista e Corrigida. 4. ed. Rio de Janeiro: Editora CPAD, 2012. p. 842.

BÍBLIA, A.T. Levítico. Português. *In*: BÍBLIA de Estudo Palavras-Chave. Tradução Almeida Revista e Corrigida. 4. ed. Rio de Janeiro: Editora CPAD, 2012. p. 131; 134; 135; 154.

BÍBLIA, A.T. Malaquias. Português. *In*: BÍBLIA de Estudo Palavras-Chave. Tradução Almeida Revista e Corrigida. 4. ed. Rio de Janeiro: Editora CPAD, 2012. p. 987; 988.

BÍBLIA, A.T. Números. Português. *In*: BÍBLIA de Estudo Palavras-Chave. Tradução Almeida Revista e Corrigida. 4. ed. Rio de Janeiro: Editora CPAD, 2012. p. 190; 191.

BÍBLIA, A.T. Oséias. Português. *In*: BÍBLIA de Estudo Palavras-Chave. Tradução Almeida Revista e Corrigida. 4. ed. Rio de Janeiro: Editora CPAD, 2012. p. 928; 930.

BÍBLIA, A.T. Provérbios. Português. *In*: BÍBLIA de Estudo Palavras-Chave. Tradução Almeida Revista e Corrigida. 4. ed. Rio de Janeiro: Editora CPAD, 2012. p. 674; 675; 676; 677; 679; 680; 682; 683; 691; 692.

BÍBLIA, A.T. Salmo. Português. *In*: BÍBLIA de Estudo Palavras-Chave. Tradução Almeida Revista e Corrigida. 4. ed. Rio de Janeiro: Editora CPAD, 2012. p. 612; 615; 628; 642; 647; 649; 659; 664.

BÍBLIA, N.T. 1 Coríntios. Português. *In*: BÍBLIA de Estudo Palavras-Chave. Tradução Almeida Revista e Corrigida. 4. ed. Rio de Janeiro: Editora CPAD, 2012. p. 1195; 1198; 1201; 1206; 1209; 1212.

BÍBLIA, N.T. 1 João. Português. *In*: BÍBLIA de Estudo Palavras-Chave. Tradução Almeida Revista e Corrigida. 4. ed. Rio de Janeiro: Editora CPAD, 2012. p. 1313.

BÍBLIA, N.T. 1 Pedro. Português. *In*: BÍBLIA de Estudo Palavras-Chave. Tradução Almeida Revista e Corrigida. 4. ed. Rio de Janeiro: Editora CPAD, 2012. p. 1298; 1301.

BÍBLIA, N.T. 1 Tessalonicenses. Português. *In*: BÍBLIA de Estudo Palavras-Chave. Tradução Almeida Revista e Corrigida. 4. ed. Rio de Janeiro: Editora CPAD, 2012. pp. 1254; 1256.

BÍBLIA, N.T. 2 Coríntios. Português. *In*: BÍBLIA de Estudo Palavras-Chave. Tradução Almeida Revista e Corrigida. 4. ed. Rio de Janeiro: Editora CPAD, 2012. p. 1218; 1219; 1221.

BÍBLIA, N.T. 2 Timóteo. Português. *In*: BÍBLIA de Estudo Palavras-Chave. Tradução Almeida Revista e Corrigida. 4. ed. Rio de Janeiro: Editora CPAD, 2012. p. 1269; 1270.

BÍBLIA, N.T. Apocalipse. Português. *In*: BÍBLIA de Estudo Palavras-Chave. Tradução Almeida Revista e Corrigida. 4. ed. Rio de Janeiro: Editora CPAD, 2012. p. 1321; 1322; 1323; 1337; 1338.

BÍBLIA, N.T. Atos. Português. *In*: BÍBLIA de Estudo Palavras-Chave. Tradução Almeida Revista e Corrigida. 4. ed. Rio de Janeiro: Editora CPAD, 2012. p. 1139; 1140; 1142.

BÍBLIA, N.T. Colossenses. Português. *In*: BÍBLIA de Estudo Palavras-Chave. Tradução Almeida Revista e Corrigida. 4. ed. Rio de Janeiro: Editora CPAD, 2012. p. 1247; 1248; 1249; 1250.

BÍBLIA, N.T. Efésios. Português. *In*: BÍBLIA de Estudo Palavras-Chave. Tradução Almeida Revista e Corrigida. 4. ed. Rio de Janeiro: Editora CPAD, 2012. p. 1234; 1235; 1237; 1238; 1239.

BÍBLIA, N.T. Filipenses. Português. *In*: BÍBLIA de Estudo Palavras-Chave. Tradução Almeida Revista e Corrigida. 4. ed. Rio de Janeiro: Editora CPAD, 2012. p. 1242; 1243; 1245.

BÍBLIA, N.T. Gálatas. Português. *In*: BÍBLIA de Estudo Palavras-Chave. Tradução Almeida Revista e Corrigida. 4. ed. Rio de Janeiro: Editora CPAD, 2012. p. 1227; 1229; 1230; 1232.

BÍBLIA, N.T. Hebreus. Português. *In*: BÍBLIA de Estudo Palavras--Chave. Tradução Almeida Revista e Corrigida. 4. ed. Rio de Janeiro: Editora CPAD, 2012. p. 1277; 1278; 1279; 1280; 1281; 1284; 1287; 1289; 1290.

BÍBLIA, N.T. João. Português. *In*: BÍBLIA de Estudo Palavras-Chave. Tradução Almeida Revista e Corrigida. 4. ed. Rio de Janeiro: Editora CPAD, 2012. p. 1103; 1104; 1107; 1111; 1113; 1117; 1119; 1121; 1122; 1126.

BÍBLIA, N.T. Lucas. Português. *In*: BÍBLIA de Estudo Palavras-Chave. Tradução Almeida Revista e Corrigida. 4. ed. Rio de Janeiro: Editora CPAD, 2012. p. 1082; 1086; 1087; 1088; 1090.

BÍBLIA, N.T. Marcos. Português. *In*: BÍBLIA de Estudo Palavras-Chave. Tradução Almeida Revista e Corrigida. 4. ed. Rio de Janeiro: Editora CPAD, 2012. p. 1037; 1041; 1043; 1045; 1048; 1055.

BÍBLIA, N.T. Mateus. Português. *In*: BÍBLIA de Estudo Palavras-Chave. Tradução Almeida Revista e Corrigida. 4. ed. Rio de Janeiro: Editora CPAD, 2012. p. 995; 996; 997; 999; 1000; 1001; 1004; 1009; 1011; 1015; 1017; 1023; 1024; 1025; 1026; 1027; 1028; 1029; 1030; 1035.

BÍBLIA, N.T. Romanos. Português. *In*: BÍBLIA de Estudo Palavras--Chave. Tradução Almeida Revista e Corrigida. 4. ed. Rio de Janeiro: Editora CPAD, 2012. p. 1178; 1181; 1182; 1183; 1184; 1185; 1186; 1187; 1188; 1190; 1191.

BÍBLIA, N.T. Tiago. Português. *In*: BÍBLIA de Estudo Palavras-Chave. Tradução Almeida Revista e Corrigida. 4. ed. Rio de Janeiro: Editora CPAD, 2012. p. 1292;1294.

BÍBLIA, N.T. Tito. Português. *In*: BÍBLIA de Estudo Palavras-Chave. Tradução Almeida Revista e Corrigida. 4. ed. Rio de Janeiro: Editora CPAD, 2012. p. 1274.

CASTRO, Carem Barbosa de. Teoria Geral de Princípios. Disponível em: https://ambitojuridico.com.br/edicoes/revista-104/teoria-geral-dos-principios/

DOUGLAS, J. D. O Novo Dicionário da Bíblia. 2. ed. São Paulo: Edições Vida Nova, 1995.

MALAFAIA, Silas. Mordomia Cristã, Compromisso Cristão. [*S. l.: s. n.*], [2020]. 1 vídeo (1h22min). Disponível em: https://youtu.be/ZAQje_Tmqec. Acesso em: 21 jan. 2021.

MOFFAT, J. *Grace in the New Testament*. Nova York: R. Long& R. R. Smith, 1932.

O NOVO Dicionário da Bíblia. 2. ed. São Paulo: Edições Vida Nova, 1995.

SHEED, Russel. Disciplina Bíblica na Igreja. [*S. l.: s. n.*], [2015]. 1 vídeo (57min.). Disponível em: https://youtu.be/AbvbzETBQ6w. Acesso em: 21 jan. 2021.

SUBIRÁ, Luciano. O Impacto da santidade. [*S. l.: s. n.*], [2020]. 1 vídeo (1h9min.). Disponível em: https://youtu.be/MwafqdWHQxU. Acesso em: 21 jan. 2021.

THIESSEN, Henry. *Teologia Sistemática*. São Paulo: Editora Batista Regular, 2010.